家族が
困らない
ために！

亡くなる前に

やっておきたい

手続きと対策

相続手続支援センター／編

ビジネス教育出版社

まえがき

　高齢化社会の到来とともに、相続に関する相談件数は毎年増加の一途をたどっています。

　私たちが平成11年に「相続手続支援センター」を創立してから50,000件以上の相談にのり、手続きに携わってきました。

　核家族化のなかで、一人住まいが増え、相続手続きの時にはどんな相続財産がどこにあるのか、ご遺族とともに苦労しました。ある時、ご依頼を受けた相続手続きで故人が書かれた大学ノートを拝見すると、そこには、長男の誕生祝をいただいた方の一覧や、結婚式の席次、入学祝の一覧、お寺への御布施の金額、町内会の会費等の金額……等々をはじめ、銀行口座、生命保険等の明細がありました。

　この経験から、"エンディングノート・わたしの歩いた道"を作り、普及に努めました。

　最近、相続を切り口としていろいろな業界が参入しています。

　3年ほど前には、高層マンションの購入は相続税の節税に……といったセミナーが多く開催されました。また、家族信託のセミナーも"争族"の解決策であるかのような宣伝文句で開催されています。しかし、先の高層マンションは法改正により節税効果は半減しました。

　大きな節税の施策より前に、"被相続人"となるあなたが、今、やっておかなければならない事項や、事情を知っている人だから簡単にできる事項を取り上げました。

　相続後と前とでは、手続きの容易さは段違いです。

　子や孫のためにも、今、読者の方々が本文のケースに該当するのであれば、ぜひ、生前に整理解決しておいていただきたく、本書を世に送り出します。

　平成30年6月

　　　　　　　　　　　　　　　　　　　　　　　編集・執筆者一同

目次

I これだけは生前に整理しておこう

Ⅱ スムーズな相続は遺言書の作成から

Ⅲ 生前対策で相続税の負担を軽くする

I

これだけは生前に
整理しておこう

1. 土地の名義が故人のまま!!

問題事例

　Aさんが亡くなり、妻のBさんと長男Cさんが相続の相談に来られました。子供さんは他に長女のDさんがおり、相続人は3人です。財産を聞くと、預貯金は1,500万円、自宅の土地の評価が1,200万円、建物は350万円の評価で合計3,050万円です。

　しかし、問題があります。自宅の土地の名義は祖父の名前になったままで、相続登記が未了のうえ、伯父・伯母の2人に事情を話すと分割が終わっていないから3分の1ずつの権利はあると主張されました。母曰く「父は生前、自宅は自分が1人で相続したから……」と話していた、とのことですが……。

どこが 問題か⁉

　その事情を証明する分割協議書も書面も存在しません。

　話合いの末、父の相続について、自宅の土地は多少の金銭を伯父・伯母に支払うことで了解を得て、母と同居する長男Cが相続することになり、今回はすみやかに登記を済ませました。

☑ 注意すべきポイント

① 　不動産の移転（相続・売却）や賃貸契約の場合には、登記上の名義人が所有者と同一でなければ移転（売却）することはできません。

② 　市町村等の道路拡張や土地区画整理などの収用補償代金も名義人と同一でないと受け取ることができません。

過去の相続において、登記未了の土地の名義変更登記は、その際の事情を知るご本人が手続きをとられることが大事です。

　今回の場合は伯父・伯母の両名が健在で話合いもまとまりましたが、亡くなられると事情を知る者もなく、解決への道が一段と厳しくなりますので要注意です。

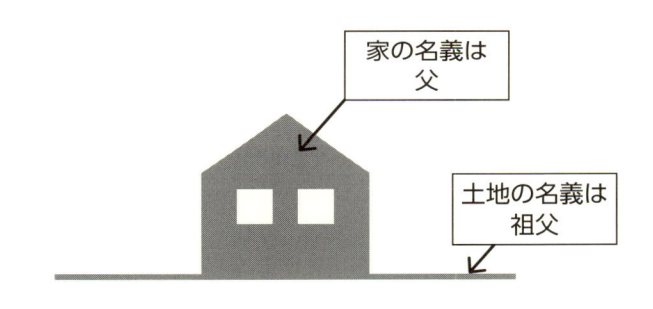

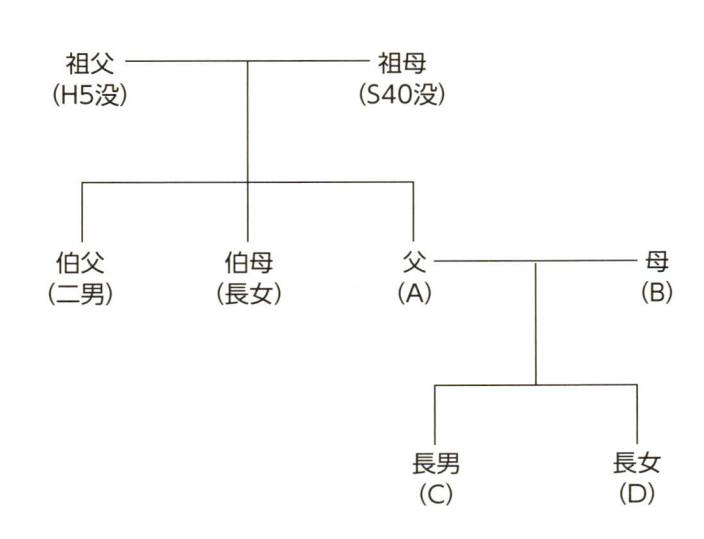

2. 兄弟などと共有している不動産

　相続手続きの相談にみえたＡさん（長男）は10年前に父親が亡くなり、先月、母親を亡くされたとのことでした。

　母親と同居していた土地は父親が亡くなった時の相続で、亡き母１／２、Ａさんと長女・二女の３人で各自１／６ずつの所有割合でしたが、２年前に長女が亡くなり、１／６の所有は未登記ですが、義兄と甥がその１／２ずつを相続するとのことでした。次に二女（夫と子供３人）が亡くなり、翌年、母が亡くなりました。

母	長女
	二女
	長男

父が亡くなって相続手続後の
所有関係　　……土地の所有者4人

母	姉の夫 : 姉の子
	二女
	長男

長女（姉）が亡くなって相続手続後の
所有関係（長女の相続人：夫・子1人）
　　　　　　……土地の所有者5人

母	姉の夫 : 姉の子
	妹の夫 : 妹の子 / 妹の子 / 妹の子
	長男

二女（妹）が亡くなって相続手続後の
所有関係（二女の相続人：夫・子3人）
　　　　　　……土地の所有者8人

姉の子	姉の夫	姉の子
妹の子		妹の子
妹の子	妹の夫	妹の子
妹の子		妹の子
長男		長男

母が亡くなり姉・妹の各子供が
代襲相続した後の所有関係
　……土地の所有者7人

母の相続手続後の所有割合

長男………………………………1／3
姉と妹の夫（配偶者）…………各1／12
姉の子供……………………3／12（1／4）
妹の子供3人 ……………各3／36（1／12）

どこが 問題か⁉

　不動産の移転（売却）や賃貸契約の場合には、登記上の名義人が所有者と同じでなければ売却等移転はできません。

☑ 注意すべきポイント

　自宅などの土地の相続は、所有割合を決めて、共有登記される例が多々ありますが、次に相続が発生するたびに所有者の人数が増加し、いざ売却や土地収用となった時に所有者を確定することに長時間を要します。

　今のうちに、状況を把握しているＡさんが他の所有者に声掛けをし、買い取ってまとめるなり処分するための登記の整理をするなりしておくべきです。所有者の人数が増えるほど、手続きに時間を要します。

3. 契約書のない貸地・貸家はどこが問題!?

問題事例

　亡くなったＡさんは、土地建物を貸していました。昔から同じ人に貸しており、家賃は毎月入金されるものの、Ａさんと借主との間の契約書はありません。Ａさんからも契約書の有無は知らされておらず、契約書がない形で賃貸借を行っていたようです。

　Ａさんの相続人も借主も今後も引き続き、同じように賃貸借を行うことを望んでいました。Ａさんの相続の手続きが完了しましたので、借主と改めて賃貸借契約書を締結しました。

どこが　問題か!?

① 口約束でも契約は有効ですが、契約があったことを証明することが後になって難しくなってきます。

② 借主のほうにも今後相続が起こるとトラブルになる可能性があります。

☑ 注意すべきポイント

　借地や借家の契約の変更はしたほうがいいですが、法律上は絶対にしなければならないわけではありません。今回の相続を機会に賃貸借契約の内容を見直し、契約書を残すことを勧めます。

　敷金や保証金の確認や原状回復などの内容についても確認しておくべきことがあります。また、借地借家法制定前の契約なのか、後の契約なのかで扱いが変わってきます。契約書がない賃貸借契約は、トラブルになる可能性が高いので、要注意です。

4. 耕作権の設定された農地に相続が起こると？

問題事例

　父は、隣の人から土地を借り、お米を作っていました。当時、耕作権での契約だったようです。借りていたのは祖父の時代からのようです。現在はお米を作るのをやめています。相続のことを考え、権利関係をはっきりさせようと思っています。

どこが 問題か!?

① 　現在はお米を作っていないが、耕作権は主張できるのでしょうか。

② 　どのような形で隣の人に返す必要があるのでしょうか。

☑ 注意すべきポイント

　耕作権は、登記されているのか、土地の所管の法務局で確認する必要があります。または、農業委員会に届出を行っているか確認が必要です。相続人に貸主側の義務が引き継がれるので、死亡によって契約が終了するわけではありません。

　また、耕作権が保護されているため、貸主側が主導して貸し借りの解消を望む場合には、耕作者に権利放棄の対価としての金銭補償をする場合があります。

　隣の人とも相談を行い、耕作権についての確認をしておくべきです。特に農業委員会に届出がなされていない"ヤミ小作"の場合には、地主の方との話し合いや周辺の同一ケースでの取扱いが参考になると思われます。

5. 通帳が見つからず キャッシュカードだけの 休眠口座

　亡くなった父の残したものを確認していたら、古いキャッシュカードが出てきました。10年以上も前のカードのようです。父からは何も聞かされておらず、通帳も見つかりませんでした。キャッシュカードの銀行に確認をしたところ、父名義の預金が出てきました。

どこが 問題か⁉

①　最後の取引から10年経つと休眠口座として取り扱われます。

②　キャッシュカードや通帳などの手掛かりがないと見つからない可能性があります。

☑ 注意すべきポイント

　休眠口座は基本的には、預金者の権利が失われるわけではないので、窓口に行くと払戻しを受けることができます。

　毎年生まれている休眠口座の預金は700億円を超えるといわれています。これらの休眠口座の預金を預金保険機構に移管し使途を限定して活用することとされています。しかし、今後の動向には不明な点もありますので、早期に解約手続をすることを勧めます。

6. 残額が少額のまま放置されている銀行口座がたくさん出てきた…

問題事例

　Aさんが亡くなり、残された銀行口座を調べていたら、残額が少額のものがいくつも出てきました。生前には利用していたようですが、最近は利用することがなく、少額のまま放置されていました。少額とはいえ各銀行での手続きが必要となり、手続きに必要な戸籍を集めて、各銀行で手続きを行いました。

どこが 問題か⁉

① 少額口座といえども相続財産で解約するのに手間がかかる場合があります。

② どこの銀行かがわからなければ、手続きもできないという状況になってしまう可能性があります。

☑ 注意すべきポイント

　少額預金は手続きをしないでそのまま置いておく人もいます。相続人が3人の場合、解約するのに3人分の印鑑証明書が必要な場合もあり、手続きをすると費用のほうが多くなってしまう場合もあります。

　また、金融機関の支店の統廃合により、支店名が変わっている場合も多くあります。以前勤めていた会社の給与振込口座、銀行との付合いで作った口座、昔住んでいた家の近くの銀行などの通帳がないか、確認する必要があります。

7. 子供名義の口座を子供に知らせていないと…

Aさんが亡くなった後、財産の調査をしたところ、子供名義の預貯金通帳が出てきました。子供たちはその通帳の存在を知らなかったのですが、Aさんの名義でないということで、相続財産には入れずに、それぞれの子供たちの預金として手続きを行いました。

後日、税務当局から指摘があり、相続財産とみなされ、相続税の対象となり、追徴税額を支払うこととなりました。

どこが 問題か⁉

① 家族名義であったとしてもその預金口座が実質的に被相続人に帰属していたと考えられる場合、相続財産となります。

② Aさんしか知らなかった場合、亡くなった後に発見されず、そのまま相続されずに残る可能性があります。

☑ 注意すべきポイント

本人には内緒で子供名義で預金口座をつくっていたというケースは少なくありません。子供名義の口座が見つかった場合には、その名義人の認識や預貯金の管理状況などを総合的に考慮して、遺産分割の対象として協議する必要があるかどうかの判断が必要になります。

相続税がかかる場合は遺産分割の対象としない、と相続人間で取り決めたとしても、相続税の対象となることがあります。

8. 長年取引をしていない証券口座

問題事例

　Aさんが亡くなった後、財産の調査をしたところ、以前に取引を行っていた証券会社の口座が見つかりました。口座には、株式や債券の保有はなく、わずかな金額がMRF（マネー・リザーブ・ファンド）に残っていました。相続人で話し合い、証券会社での手続きを行いました。

どこが 問題か!?

① 取引を行わなくなった証券会社の口座であっても、預金と同様、口座は残っています。

② 株式や債券が証券会社の口座になくても、MRFなどの形で残っている場合があります。

✓ 注意すべきポイント

　取引をしなくなった証券会社の口座も、少額預金と同様、口座は残り続けます。住所変更の届出などをしていない場合は、郵送物などのお知らせも届かないので、見つけることが難しくなります。さらに、インターネットの証券会社の場合だと、郵送物もないので、より難しくなります。

　そのままになっている証券会社の口座がないか、確認をしておく必要があります。口座があって今後利用しない場合は、解約手続きをすることをお勧めします。

9. 単元未満株や端株は売買できない?!

Aさんが亡くなった後、財産調査をしたところ、証券会社でX会社の株式を600株保有していました。配当のお知らせも来ていたので、内容を確認したところ、保有株604株となっており証券会社での保有数と違います。調べたところ、単元株に満たない株式であることがわかり、手続きを行いました。

どこが 問題か⁉

① 企業合併や株式分割などによって、単元株に満たない株式を保有するケースがあります。売買は単元株が基本単位となりますが、端株についても手続きを行う必要があります。

② 上場株式が電子化されましたので、手元に株券はありません。証券会社との取引がなくても、従前株取引をされていた方は端株や単位未満株が存在する場合があります。

✓ 注意すべきポイント

単元未満株や端株の所在は、信託銀行からの郵便物で確認したり、預金通帳で配当振込を確認することができます。

単元未満株や端株は、普通に売買することができません。その株の発行会社に買い取ってもらう買取り請求や、単元未満株の不足分を追加発行してもらう買増し請求という方法があります。ただし、証券会社によっては買増し請求を受け付けていないところもありますので、確認が必要です。

10. 信託銀行預かりになっていた端株を相続すると…

問題事例

　亡くなったＡさんが遺した財産の中に、Ｚ社の株式がありました。その株式はＡさんの父から相続したものです。Ａさんは株式に興味がなかったため、Ａさんの父の証券会社の口座を相続し、取引することなくＡさんが亡くなりました。

　Ａさんが亡くなった後、Ａさんの父の名義のＺ社の端株が見つかりました。Ｚ社はＡさんの父が亡くなる前に、株式の割当てを行っており、割当て分が端株になるため、証券会社での預かりになるものではなく、信託銀行預かりになっていました。

どこが 問題か⁉

① 証券会社の保管株は取引単位のものであり、端株は証券会社の保管株にはなりません。

② 株式の割当てについて、株取引に興味がないとわかりにくい場合があります。

☑ 注意すべきポイント

　株式の取引があった場合、証券会社で引き継いだ株式数と株主総会の案内などで表示される株式数の確認をする必要があります。また、二次相続であった場合、先の相続のときに手続きがされていない場合もあるので、信託銀行や証券会社からの郵送物について確認をする必要があります。株主総会などのお知らせは１年に１回しか来ない場合もあり、手続きが長期化する場合もあります。

11. 会社への貸付金を現物出資して第三者割当増資

　Aさんは自分が創業し、長年経営してきた会社Cをこのたび長男Bに譲ることにしました。会社の全株式はすでに長男Bへ移転したのですが、会社が経営難の時にAさんから会社に貸し付けた1,000万円については現在もなお貸し付けたままになっています。

　Aさんはこの貸付金1,000万円について、返済を受けるよりも会社の成長に役立てて欲しいと思っています。

　そこで、Aさんが貸付金を現物出資して第三者割当増資をすることにより会社Cの株式を引き受ける方法（デット・エクイティ・スワップ＝DES）を実施しました。引き受けた株式については今後、長男Bに贈与する考えです。

どこが 問題か!?

① 　会社への貸付金は相続時には相続財産として相続税の課税対象になります。

② 　第三者割当増資はその時の時価で株式を割り当てないと、既存の株主との間でみなし贈与として贈与税が課される可能性があります。

③ 　貸付金の時価評価によっては、法人に益金が生じることがあります。

④ 　資本金等の額が増加することで法人地方税の均等割の負担が増えることがあります。

⑤ 　資本金の額が1億円を超えると、中小法人に認められた税務上

の特典が受けられなくなるほか、法人事業税の計算上、外形標準課税の対象となります。

会社への貸付金はその元本全額が相続税の課税対象で、無利息でないかぎりは利息も対象になります。

第三者割当増資においては、増資により引き受ける株式の数について既存の株主と価値が均衡するようにしておかないと、Aさんから長男Bへ、または長男BからAさんへのみなし贈与が発生します。

Aさんの会社は債務超過ではありませんが、債務超過の会社に対する貸付金は返済能力に疑問があるため、その貸付金の時価が債権額よりも低いことがあります。その場合にはその差額について債務消滅益を認識し、法人税法上の益金とする必要があります。

法人都道府県民税、法人市町村民税の均等割額は会社の資本金等の額により定められています。第三者割当増資により、資本金または資本準備金といった均等割額を判定する資本金等の額が増えることになり、その結果、均等割額が増える可能性があります。

資本金が1億円以下で一定の中小法人に対しては、法人税の軽減税率や繰越欠損金の損金算入限度計算など税務上の特典がありますが、資本金が1億円を超えることでこれらの特典を受けられなくなります。

なお、外形標準課税とは資本金の額が1億円を超える法人に課されるものです。増資の結果、資本金の額が1億円を超える場合は外形標準課税の対象法人となり、対象外の法人よりも負担が増えます。

貸借対照表

資産	負債
	借入金
	純資産
	資本金・資本準備金

① 貸付金
② 現物出資
③ 株式

Ａさん
④ 株式を贈与
Ｂさん

コラム　お墓の住民票

　自分が亡くなった後に、自分が入る墓の所在地を生前に登録するサービスを神奈川県横須賀市が始めました。"孤独死"のようなケースでは、家族らの墓がある場所がわからず、無縁仏として納骨されてしまう事態を防ぐことが狙いです。自分の家族の墓や菩提寺の名前や住所を記しておくことも、生前整理として大切です。

　一方で、引き取り手不明の"漂流遺骨"が行政の負担になり、増加の一途である問題を解決する策であり、終活支援にもなります。

12. 会社への貸付金を債務免除すると…

問題事例

　Bさんは弟Fと創業したE会社を共同経営してきましたが、3年前に会社の株式のすべてを弟Fに譲渡し、会社の経営から退きました。しかし、経営者であったときに会社に貸し付けた3,000万円については会社の手元現預金が乏しいことから、今もなお返済を受けていません。

　Bさんは、今後も返済を受けられそうにないため、今ある3,000万円の貸付金債権を免除しようと思っています。

どこが 問題か⁉

① 会社への貸付金は相続時には相続財産として相続税の課税対象になります。

② 債務免除を受けた会社は債務免除益が計上されます。その結果、現金の収入がないにもかかわらず法人税等の納税が発生する可能性があります。

③ 債務免除の結果、会社の株式の評価が高くなると、債務免除をしたBさんから既存の株主へのみなし贈与が発生します。

☑ 注意すべきポイント

　会社への貸付金はその元本全額が相続税の課税対象です。たとえ返済の見込みが薄い場合であっても、相続税の計算上元本から減額できるのは、会社更生手続の開始決定などで回収不能と見込まれる部分がある特殊な場合のみです。

したがって、本事例のように、たんに手元の現預金が乏しいという理由で課税対象となる金額を減額することはできません。

　債務免除を受けた会社はその経済的利益に対して債務免除益を計上します。債務免除益を計上したことによって法人税がかかる所得が発生したときは、仮に債務超過であっても法人税が課されます。このため、税務上の繰越欠損金があればその繰越欠損金を最大限利用することが重要となり、繰越欠損金が期限切れになる前に時機をとらえて債務免除を実行するようにしましょう。なお、繰越欠損金については、現状では繰越期間が9年のところ、平成30年4月1日以後に開始する事業年度からは10年に延長されます。

　債務免除で経済的利益を受けた会社は純資産の額が増加します。その結果、債務免除の前後で会社の株式の評価が高くなると、株主は、債務免除をした債権者から経済的利益の移転により贈与を受けたとみなされます。債権者と株主が同一の場合は問題になりませんが、たとえば株式を債権者の家族や会社の従業員が所有している場合は注意が必要です。もし、債権者以外の株主がいて、このみなし贈与以外にも他から金銭等の贈与を受けていて、これらの合算がひとり1年当たり110万円を超えるときには贈与税の申告と納税が必要です。

　債務免除は、債権者の一方的な意思表示で効力を生じ、債務者の承諾は不要とされています。この意思表示については、書面により明らかにするとしていますので、内容証明郵便により通知することや、債務免除の書面を会社へ渡し、その書面の受領書を受け取って、さらにその受領書に確定日付を受けておくことなど、債務免除の事実を立証できるようにしておくべきでしょう。

13. 会社への貸付金を親族ではない後継者に生前贈与すると…

問題事例

　Cさんは自らが創業したG会社を長年経営してきましたが、親族に後継者がいないため、親族ではないH社員に事業を引き継ぎました。Cさんから会社に貸し付けていた500万円については、後継者のH社員へ贈与するつもりです。

どこが 問題か⁉

① 　会社への貸付金は相続時には相続財産として相続税の課税対象になります。

② 　贈与の事実が証明できないと、贈与自体が否認され、貸付をした者の相続財産になるおそれがあります。

③ 　貸付金債権の贈与を受けた受贈者には贈与税が課されます。

☑ 注意すべきポイント

　貸付金は原則としてその元本500万円が相続税の課税対象になりますので、返済を受ける予定のない貸付金については早めの対策が必要です。

　贈与は当事者の一方であるCさんが自己の財産である貸付金を無償で相手方であるH社員に与える意思表示をし、相手方が受諾することによってその効力を生ずる契約です。したがって、本事例でも贈与契約書を取り交わしておくべきです。

　贈与をした場合は、贈与をしたことにより債権者が変わったことを債務者である会社に通知し、会社はその通知の事実にしたがって

帳簿に記載された借入先を変更する記帳処理をする必要があります。また、この機会に債務者G会社と新債権者H社員との間で債務の存在の確認書などを取り交わしておいたほうがよいでしょう。

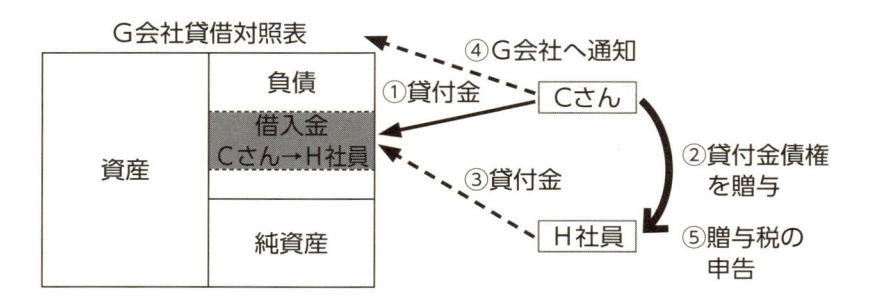

受贈者であるH社員には贈与税が課されます。この場合の贈与税の計算は、本事例のような直系尊属以外からの贈与と直系尊属からの贈与とでは贈与税の税率が異なるので注意が必要です。また、贈与を受けた者が相続人に該当する場合は、相続開始前3年以内の贈与財産として相続税の計算の際に貸付金債権として足し戻されます。

本事例では親族外の社員に対する贈与のため、H社員がCさんから遺贈を受けるなど特別な要件に該当しない限りは相続税の計算に足し戻されることはありません。

贈与のうち、相続時精算課税（65頁参照）に該当しない贈与は暦年贈与といわれ、その年の1月1日から12月31日までの間の贈与について、贈与税がかからない基礎控除額が110万円あります。

この制度を利用するために、仮に本事例の貸付金500万円を5等分して100万円ずつ5年に分けることで各年の基礎控除額110万円に納まるように贈与をしたとしても、それがあらかじめ100万円ずつを5年間毎年贈与するような約束となっているものは定期贈与といって、総額500万円をもとに贈与税が計算されることがあるので注意が必要です。

14. 債務超過が続く会社を休業状態のままにしておくと…

問題事例

Dさんは祖父の代に創業したE会社を経営してきましたが、会社は債務超過が続き、また、後継者もないため、事業をやめる決断をしました。

金融機関やその他の債権者に対する債務、また従業員への退職金については、会社の資産を処分することで滞りなく支払えそうなのに対し、Dさん個人からの貸付金の一部は弁済できません。外部の債権者や従業員に支払ったあとの会社については、清算やその他の手続きが煩わしいので休業状態のままにしておくつもりです。

どこが 問題か⁉

① 会社への貸付金は相続時には相続財産として相続税の課税対象になります。

② 休業会社であっても、その株式は相続財産として相続税の課税対象です。

③ 事業をやめても会社を清算しない限りは毎事業年度終了後に決算をし、税務申告をする義務があります。また、事業年度ごとに資本金等の規模に応じて法人都道府県民税、市町村民税の均等割額の負担がかかります。

✓ 注意すべきポイント

貸付金は原則としてその元本が相続税の課税対象なので、返済を受ける予定のない貸付金については放置せず、会社の清算とともに

早めの対策をすることが必要です。

　会社が債務超過の場合の清算は、裁判所の監督のもと特別清算の手続きが必要です。この事例では個人の貸付金を債務免除することで債務超過状態を解消できるようなので、裁判所の監督を要しない通常の清算手続きを行うことができます。

　債務免除を受けたＥ会社は、その受けた経済的利益が受贈益となり法人税法上の益金として収益に加算されます。会社清算手続きにおいては、税務上の繰越欠損金を超える債務免除益に対して期限切れ欠損金額を損金算入できる点がポイントです。

　休業中の会社の株式の評価は純資産価額方式によるので、その休眠会社が、債務超過でない場合にはその株式はプラスの評価になり課税対象となります。

　会社清算においては、まず株主総会で解散の特別決議をし、それまでの取締役が退任をし、清算事務を遂行する清算人を選任します。通常は従前の取締役がそのまま就任して清算事務を遂行しますが、解散登記や清算中の法人税等の申告、清算結了登記など、通常の会社経営ではなじみのない手続きが登場しますので、専門家である司法書士や税理士などのアドバイスを受けましょう。

　また、本事例とは異なり、債務超過が解消せず特別清算の手続きが必要なときも同様に専門家に相談すべきです。

15. 過去3年間に贈与を受けていた財産を相続税申告で計上しなかったら?

問題事例

2年前にAさんが亡くなり、妻のBさんと長男Cさんがこのたび相談に来られました。子供は他に長女Dさんがおり、相続人は3人です。当時の財産は、預貯金4,000万円、自宅土地・建物の評価額があわせて2,000万円で、合計6,000万円だったそうです。すでにご自身らで預貯金、不動産の名義変更、相続税申告手続きおよび納税も終えていました。

しかし、今頃になって税務署の税務調査が行われることとなり、あらためて税金を納めなければならないことになったとのことです。

そこで、詳しくお話をお聞きするなかで、Aさんが亡くなる3年の間に、Bさん、Cさん、DさんがAさんから生前贈与を受けていたのかどうかを確認しました。すると、Cさんが現金500万円、Dさんが800万円もらっていたことが判明しました。

結局、生前贈与を受けていた1,300万円が相続財産に未計上のまま相続税申告を行ったため、追徴課税されることになってしまったということです。

その後、Cさん、Dさんはすみやかに納税し、ようやく2年越しの相続手続きに終止符を打つことができたのでした。

どこが 問題か!?

亡くなった方から相続人に対して、過去3年間に贈与を受けていた場合、相続税申告においては、その贈与分を遺産に計上したうえで相続税額を計算し納税しなければなりません。

　相続人に対して、暦年贈与（基礎控除枠110万円まで）を使って毎年贈与していたとしても、生前3年以内に贈与したものについては、相続税の対象となります。一方、孫など相続人以外への3年以内の贈与に関しては、相続税の対象にはなりません。ただし、生命保険の受取人が孫であった場合や遺言による孫への遺贈の場合は、相続税の対象となることがありますので注意が必要です。

16. 長年使っていない口座は早めに解約を!

問題事例

　Aさんが亡くなり、長男のBさんが相談に来られました。相続人はBさん1人です。Bさんは、平日が仕事のため相続の手続きができずに困っていました。Bさんは、Aさんの資産の資料として、2つの地方銀行の預金通帳2冊と古いものや合併前の銀行のキャッシュカードを6枚持参していました。資産は預貯金のみでしたが、地方銀行に預けている資産が約3,500万円ありました。通帳がないキャッシュカードの銀行残高によっては、相続税の申告が必要となってきます。

　そこで、BさんよりAさんの相続手続きのサポート依頼を受け、進めていくことになりました。まず合併前の銀行が現在のどこの銀行なのかを調べたうえで、各銀行に問合せを行いました。中には、10年以上前の合併前の預金口座ということで、調査結果が出るまでに多くの時間がかかった銀行もありました。その結果、キャッシュカード6枚のうち、2枚の銀行は残高0円、4枚の銀行には合計537円の残高があることが判明しました。

　今回は、キャッシュカードの銀行残高が少なく、相続税の申告手続きは不要だったため、Aさんの預金口座にあるすべての資産を解約し、Bさんの銀行口座に入金手続きを行い、相続手続きは無事完了しました。

どこが 問題か⁉ ··········

　長年引出しや、預け入れなど取引がない口座を「休眠口座」と呼

29

びますが、その存在を本人ですら覚えていないケースも多いでしょう。当然に周りのご家族の方が知る由もありません。しかし、今回の事例においては、キャッシュカードが残っていることから、本人は全く知らないとまでは言えないでしょう。

　生前に自らが「休眠口座」をなくすために解約しておくことが一番ですが、状況によっては難しいこともあります。そんな時は、せめて周りのご家族の方に「休眠口座」の存在をきちんと伝えておくことが大事です。

☑ 注意すべきポイント

　生前に使っていない口座を解約するには、一般的に通帳、キャッシュカード、届出印などを用意し手続きを行うことになります。一方、本人の死後に手続きを行う場合、戸籍謄本（被相続人の出生〜死亡までの連続した戸籍など）、銀行所定の手続用紙（相続人全員の署名、捺印が必要）、相続人全員の印鑑証明書などが基本的に必要となり、すべてを用意するだけでも時間を要します。

　また、今回の事例では、休眠口座の残高が少額であったため、相続税がかかることはありませんでした。しかし、相続税がかかってくる程度の残高があるにもかかわらず、残されたご家族の方が休眠口座の存在を知らず相続税の申告手続きおよび納税を怠った場合、後に不利益を被ってしまうおそれがありますので注意が必要です。

17. 遠方にあるお墓を改葬するには？

問題事例

　Ａさんが亡くなり、妻のＢさんと長女のＣさんが相談に来られました。相続人は２人で、Ａさんの資産はわずかな預貯金と生命保険で、手続きはすでに終えていました。相談の内容は、菩提寺にあるお墓のことでした。

　Ａさんはもともと遠方の地方で生まれ育ち、お墓をそのままにして晩年都会に出て来たそうです。すでに故郷には親戚も知合いもいないとのことでした。お墓をどうすればよいのか？　遠方のため、お墓参りに行けないのでどうすればよいのか？　今後ずっと管理費を払い続けることができるのかなどと、悩んでおられました。

　結局、ＢさんとＣさんは、菩提寺にあるお墓の「改葬」をすることに決めました。それには、まず墓地を管理しているお寺の住職に魂を抜く儀式を行ってもらい、墓石業者にはお墓の解体・撤去をお願いすることになります。

　ＢさんとＣさんにとって初めてのことだったので不安な様子でしたが、偶然にも管理費のかからない、かつ永代供養できる納骨堂が近くにありました。最終的にそこに遺骨を納めることになり、２人はひと仕事終わったような安堵感に浸っていました。

どこが 問題か!? ‥‥‥‥‥‥‥‥‥‥‥‥‥‥‥‥‥‥‥‥‥‥‥‥‥

　残されるご家族が、先祖代々入っているお墓に遺骨を納骨し、お彼岸の際にはそのお墓に参り、きちんと祭祀ができるかを話し合っていないため、いずれ守る人がいなくなり無縁のお墓になってしま

うおそれがあります。

　大都市圏では、こういった「無縁墓」が急増しており社会問題となっています。長年放置し続けると草木がぼうぼう生えてしまい、いずれ撤去される可能性があります。

☑ 注意すべきポイント

　「改葬」つまり、お墓の引越しには、手続きの時間や費用がかかったりします。また、今回のケースでは、特に何の問題もなく無事に手続きを終えることができましたが、場合によっては、墓地管理者である菩提寺や霊園との間でトラブルになったりすることもあります。そうならないためにも、これまでの供養の例を踏まえ、時間をかけて話し合うことも大事です。

　そういった意味でも、残されたご家族に負担をかけさせないために、終活の一環として家族内できちんと話をしたうえで、生前に手続きを済ませておくことが望ましいでしょう。

18. 預金通帳がたくさんある人は生前に整理しないと大変！

問題事例

2年前にＡさんが亡くなり、長男Ｂさんと二男Ｃさんが相続の相談に来られました。相続人は2人です。Ａさんは妻に先立たれてからは、1人で生活していたそうです。Ａさんの資産は預貯金のみで、取引銀行は11社にも及び、預金通帳も全部で21冊ありました。1冊1冊確認してみると、電気代、ガス代、水道代、電話代などの生活費の引落しやクレジットカード利用代金の引落し、また年金が振り込まれる金融機関もそれぞれ違っており、細かく使い分けて管理されていたようです。

Ｂさんとこさんは協力し合い、預貯金の手続きを2人とも平日のお仕事をしながら何とか時間を作り進めていたそうです。しかし、2人ともなかなか時間を作ることができず、時間ばかり過ぎていきました。また、すでに提出済みの印鑑証明書や資料の期限も過ぎてしまい再取得しなければならず、スムーズに手続きを進めていけない状況でした。

そこで、これまでの各金融機関での手続きの経緯を受け、サポートすることになりました。約1か月で手続きを無事終えることができ、Ｂさんとこさんは、「最初からお願いすれば良かった」と後悔されていました。

どこが 問題か⁉

預貯金の相続手続きには、基本的に相続人全員の署名捺印が必要となります。手続きの煩雑さから途中で諦めてしまい、そのまま一

旦放置することも少なくありません。その後にあらためて手続きを行おうとした時には、相続人が倍以上に増えており、相続人全員の署名捺印が揃わず、思わぬ不利益を被ってしまうことがあります。

　多くの金融機関で口座開設しているため、金融機関の数だけ手続きをしなければならず、時間と労力が必要です。凍結された口座の預貯金は、相続の手続きが完了するまでは取扱いできない状態となります。使用頻度や残高を考慮したうえで、生前に銀行口座を整理し、相続手続きの簡素化のため財産整理をされることをお勧めします。

趣味で集めていた美術品は
生前に処分換金しておこう!

問題事例

　Aさんが亡くなり、妻のBさんと長男Cさんが相続の相談に来られました。子供は他に長女Dさんがおり、相続人は3人です。財産を聞いてみると、わずかな預貯金と趣味で集めていた工芸品や絵画等の古美術品が多数ありました。ご家族の方は価値が全くわからず、処分の仕方や取扱いに困っている様子でした。

　まずは、古美術品の評価、処分をすべく古美術商の選定を行い、鑑定書の発行を含め具体的な資産評価、処分方法等の確認を行いました。鑑定の結果、鑑定書を付ける高価な物はなかったのですが、古美術商の評価額に基づき予想外に高く処分換金することができました。

どこが 問題か⁉

　ご自身が趣味で集めている物の価値というものは、本人しかわからず、必ずしも他のご家族の方と共通認識にあるとは限りません。場合によっては、残されたご家族の方が価値のある物を捨ててしまったり、相続税申告において遺産に計上していないことで、税金を多く支払うことになってしまうなど不利益を被ってしまうおそれがあります。

☑ 注意すべきポイント

　美術品や骨董品は相続税の対象となり、評価は鑑定によります。評価によっては莫大な相続税が課税されることがあったり、また専

門家に鑑定を依頼する場合には費用がかかることもあります。相続のための鑑定費用は必要経費とはならず、控除の対象とはなりません。そこで、古美術品を趣味で集めている方の相続に関しては、十分な注意が必要です。

　残されたご家族の方が不利益を被らないよう、生前に時期を考えて早めに処分換金しておくことが望ましいでしょう。

20. 賃貸アパートの処分や建替えは登記上の名義人しかできない！

問題事例

　父Ａさんは、収益物件として、十数年前にアパートを建築しました。息子Ｂさんの「僕がしっかりアパートを守っていかないと！」という思いから、アパートの管理を手伝ってくれており、Ａさんはいずれ息子に継がせたいと考えていました。

　数年後、Ｂさんがアパートの老朽化に伴い空室が目立ってきたこともあり、建替えを考えるようになりました。そんななか、Ａさんは認知症を発症し判断能力が低下してしまいました。Ｂさんは、成年後見制度を利用しようと考えましたが、建替えは難しく、また一度後見人を選ぶと一定の事由に該当しない限り解任することができず、ずっと報酬がかかり続けることになります。Ｂさんはただ、老朽化したアパートを何とかしたいだけで、もっと早く何か対策をしていれば、他にも選択肢はあったのでは……と後悔するしかありませんでした。

どこが 問題か⁉

　不動産の処分や建替えは、登記上の名義人しかできず、その名義人の判断能力を必要とします。成年後見制度では後見人の任務として、本人の財産が散逸してしまわないように、そのことを第一に考えないといけないため、たとえば、借入れのための担保提供、建物の建築、相続税対策のための資産贈与、不動産を売却するためだけや建替えするためだけの後見人の選任はできません。

　Aさんが認知症を発症する前に、受益権をAさんに残したままで家族信託を活用することにより、アパート賃貸収益はAさんが取得し、またAさんの代わりにBさんが賃貸借契約を結んだりアパートの売却・建替えも行うことができます。一般的にあまり知られていませんが、上手く家族信託を活用することで、有効な生前対策の一つになり得るでしょう。

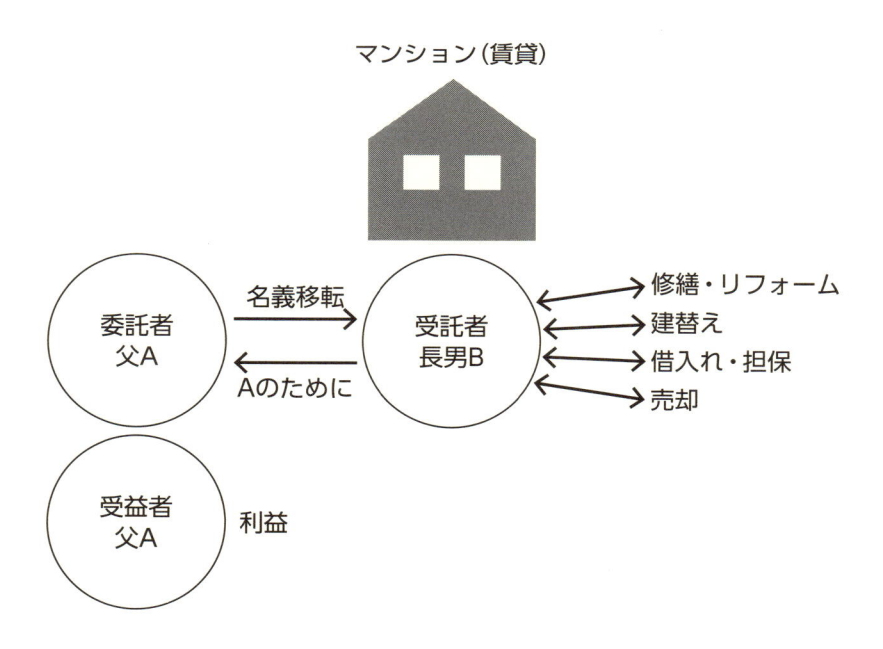

21. 使用済クレジットカードはハサミを入れて廃棄を！

問題事例

　父Aさんが亡くなり、長女Bさん、二女Cさんが相続の相談に来られました。相続人は子供2人です。BさんとCさんは、それぞれ家庭を持ち、実家から離れたところに住んでいました。一方、数十年前妻に先立たれたAさんは、独りで実家のアパートに住んでいたそうです。Aさんの財産は、わずかな預貯金と輪ゴムでひとまとめにした14枚のクレジットカードでした。

　カードを一枚一枚確認してみると、使用期限がすでに切れており、同じカード会社のものも複数枚ありました。しかし、BさんCさんは、すでに使えないカードとはいえ、借金が残っているのではないかと不安な気持ちでいっぱいでした。もし、借金が多く残っていれば、家庭裁判所で相続放棄の申立てを行う考えですが、現時点では借金の有無、金額がわからず途方に暮れていました。

　そこで、すべてのカード会社に確認の電話を行った結果、幸いにもAさんはすでに登録抹消されており、借入金は一切残っていませんでした。そのことをBさんCさんに伝えると、2人はほっと胸をなで下ろしていました。

　その後、預貯金の相続手続きを行い無事終えることができました。もちろん、BさんCさんには、14枚の使用済みのクレジットカード一枚一枚にハサミを入れてもらい廃棄しました。

　クレジットカードの借入れの有無は、本人しかわからないことなので、使用済みのカードは、すみやかにハサミを入れて廃棄すべきです。きちんと処分さえしていれば、残されたご家族の方が不安な気持ちにならずに済むでしょう。

☑ 注意すべきポイント

　一般的に借金が多い場合、家庭裁判所での相続放棄の手続きを行いますが、3か月以内に行う必要があります。そのためには、借入金の有無の確認作業を早めに行うことが必要です。

II

スムーズな相続は遺言書の作成から

1. 子供のいない人は遺言書の作成を忘れずに

問題事例

　Aさんと妻のBさんが相談に来られました。2人の間には子供がいないため、もし、どちらか一方に何かあった場合、相続は一体どうなるのか心配されていました。

　Aさんはご自身の兄弟ともそれほど交流もないため、今のうちにしっかり対策をとって自分が亡きあとに妻に迷惑をかけたくない。これまで夫婦2人で築いてきた財産をすべて妻に残せる方法はあるのかどうか、もしあるのならぜひ対策をとっていきたいとの希望でしたので、早速遺言書の作成を勧めました。

どこが 問題か⁉

　子がいない場合、第二順位の相続人（直系尊属）や、第三順位の相続人（兄弟姉妹。兄弟姉妹が亡くなっている場合はその子）が相続人となるため協議がまとまりにくくなる可能性があります。

　特に兄弟姉妹が相続人となる場合、相続人数が増える場合や、普段からの付合いも少なく人間関係が希薄になり、遺産分割協議がスムーズに進まなくなることがあります。

✓ 注意すべきポイント

　第三順位の相続人は兄弟姉妹（兄弟姉妹が亡くなっている場合はその子）となりますが、被相続人の父母の一方を同じくする兄弟、いわゆる半血兄弟も相続人となります。このような相続人関係では、お互いその存在すら知らないケースが多く、戸籍の確認により初め

てその相続人関係が明らかになります。

　そのような中で遺産分割協議を成立させるには相当な時間を要したり、場合によっては協議が暗礁に乗り上げてしまうことも多いため、第三順位の兄弟姉妹の相続、特に半血兄弟が相続人に含まれている場合は遺言書の作成は必要不可欠となります。

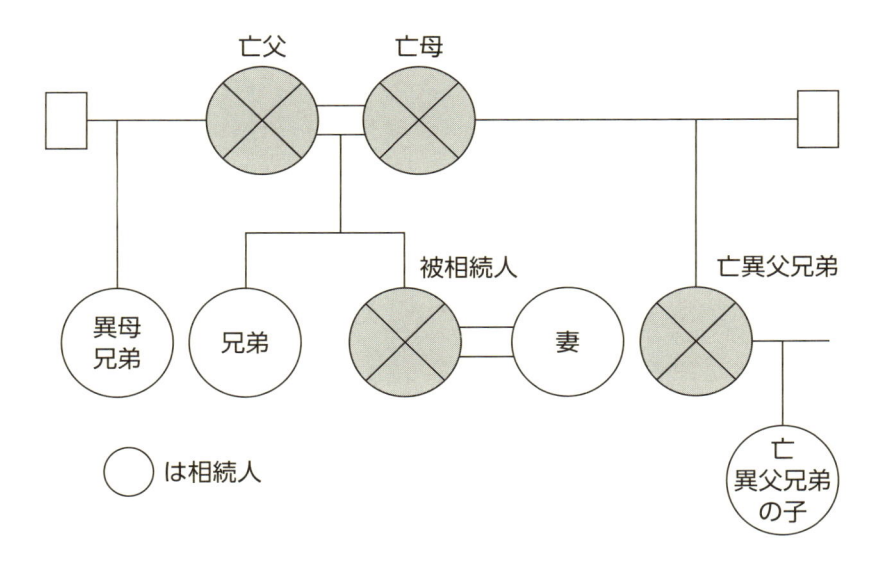

2. 子供の間に経済的格差がある場合はどんな遺言がよいか？

問題事例

Aさんには2人の子がいます。お話をお伺いすると、子供たちの仲は決して悪いわけではないのですが、生活のスタイルが全く違うとのことでした。長男Bは県外の一流大学を出てそのまま優良企業に入社し、地元には戻らず上流の生活をしています。一方、二男は高校を卒業してすぐ地元の工場に就職し、Aさんと同居して生活しているそうです。

Aさんからすると、長男Bは年収も高いのでこの先もそれなりに自立して生活していけるだろうけれど、二男Cのことが心配でなりません。CさんはAさんの面倒も一緒にいてよく見てくれているし、できればCさんに少しでも多くの遺産を残したいと考えていました。

Aさんの財産は預貯金1,600万円、自宅土地評価額900万円、自宅家屋200万円の合計2,700万円です。

どこが 問題か⁉

遺言がない場合、法定相続分は2分の1ずつ。CさんがAさんと同居し、Aさんの面倒を見ているとしても、相続の際に、長男Bが法定相続分を主張することも十分考えられます。

そうした場合、当然、不動産についても相続財産として計算されるためCさんが家を継ぎ、不動産を取得すると、ますますCさんの預貯金の取り分が少なくなってしまいます。

このままではAさんの思いや考えが実現されないまま相続手続きが進められることになりかねません。

　このケースにおいて、遺言がなく法定相続分にて遺産分割が行われると（仮にCさんが家を継ぐとした場合）、B、Cのそれぞれの取得分は1,350万円ずつですが、土地家屋（評価額1,100万円）をCが取得するためCさんは預貯金を250万円しか取得できないことになってしまいます。AさんとしてはCさんに少しでも多くの遺産を残すためには遺言で相続分を指定することが必要となりますが、遺留分には注意が必要です。

　この場合の遺留分は法定相続分の半分ですので、Aさんは最低でもBさんに1／4の遺産を相続させるような遺言内容にするのが望ましいでしょう。遺言で相続分に相当な差がついていることが判明した時、子供同士でもめることのないように考慮して作成しなければなりません。

3. 相続人でない第三者に財産を遺すには遺言書が不可欠

Aさんは76歳、妻は5年前に亡くなり、Aさんは現在一人暮らしをしています。子は2人いますがそれぞれ別に暮らしています。ある日Aさんはご自身の相続についてご相談に来られました。実は、Aさんはご自身の財産の一部を妻の妹Bさんに残したいとのことでした。

妻が亡くなった後、Aさんのことを心配して近くに住んでいたBさんは頻繁にAさんの元を訪れ、身の回りの世話をしてくれたそうです。子供たちにもある程度話はしてあるそうですが、確実にAさんの思いを実現するために遺言書を残すことにしました。

どこが 問題か⁉

遺言書がない場合、被相続人の遺産はすべて相続人のものになり、相続人以外の第三者が取得することはできません。

AさんがBさんに対して遺産を遺したいと考えた場合、遺言書がないと実現できないことになります。

☑ 注意すべきポイント

財産を遺す側はしっかり遺言を残すことが肝心ですが、生前に本来の相続人にその旨を伝えておかないと、受贈者（相続人以外の財産をもらう人）とトラブルになることも考えられますので、十分な配慮が必要です。

本来の相続人からすると遺言がなければ100％相続人が相続する

ことになりますが、遺言によって遺贈の意思があれば相続人は取得分が減ることになります。本当に遺言者の意思なのかどうかをはじめ、いろいろな憶測が出てきます。

　このような第三者に遺贈や寄付をする場合などは前述のように事前に相続人に伝えておくことに加え、後々に相続人と受贈者の間で争いが起きないよう、公正証書にて遺言書を作成することをお勧めいたします。

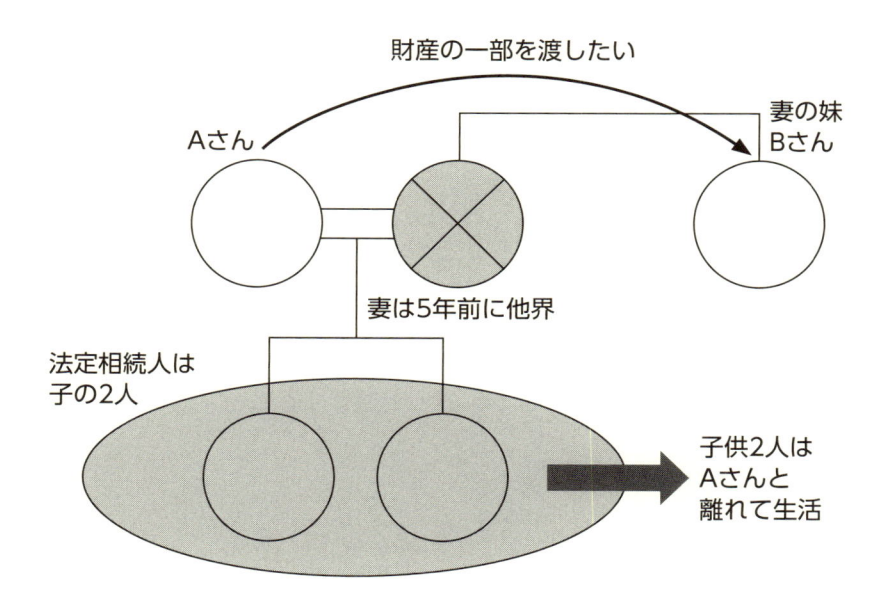

財産の一部を渡したい

Aさん

妻の妹
Bさん

妻は5年前に他界

法定相続人は
子の2人

子供2人は
Aさんと
離れて生活

4. 子供のうち一人だけに父経営の会社を継がせる場合の遺言書

　Aさんは30歳の時一念発起して起業し、これまで順調に業績も伸ばし、現在は従業員10名ほどの中小企業の経営者として忙しい毎日を送っています。ある時、経営者仲間の一人から相続の話を聞きました。実は会長である父親が亡くなって相続でもめているとのことです。

　Aさんも自分のことに置き換えて考えてみると、ぞっとしました。今まで自分の相続のことなど考えたこともなかったのですが、もし自分に何かあったら4人いる子供はもめないのだろうか。現在、二男が専務として会社に籍を置いていますが、他の3人は別の仕事についています。そのような相談を受け、相続の際、仮に株が分散するようなことがないように、遺言書の作成に着手することになりました。

どこが 問題か⁉

　株式が相続によって分散してしまいますと、会社の円滑な事業運営が難しくなることが考えられます。

　また農業事業者なども農業に従事する相続人に農地を相続させるなど、分散を防ぐ必要があります。

☑ 注意すべきポイント

　中小企業の株式は経営状態により株価評価が思っていたより高くなる場合があり、相続の際には他の遺産との関係から、遺産分割協

議が非常に難航するケースもありますので、遺言の存在は大きな意味を持ちます。

　遺言により事業を継承する相続人へ株式を集中することも必要ですが、遺産の大半が株式で占められている場合などは、一人の相続人に集中して相続させることにも支障をきたす場合がありますので、他資産とのバランスを考えたうえ、慎重に作成する必要があります。とはいえ、株式が分散して事業経営に支障をきたすようなことは避けなければなりません。

5. 内縁の妻には遺言書を残すべき

　Aさんは40年以上連れ添った内縁の妻Bと一緒に暮らしています。2人の間に子はいません。財産はAさん名義の土地の評価額が900万円、家屋の評価額が400万円、預貯金が600万円あります。AさんやBさんの知合いや近所の人たちは誰もが本当の夫婦だと思っていましたが、2人は事情があって婚姻届は出していません。先日、Aさんが亡くなられてBさんが相談に来られたのですが、Aさんは財産のすべてをBさんへ遺贈するという遺言書を残していたのでした。

　Aさんには疎遠になった兄弟が3人いてその兄弟の生死すらわからない状況でした。もし遺言がなかったら大変な相続になっていたことだと思いますが、AさんはしっかりBさんのことを考え、もしもの時に備えていたためスムーズに手続きも完了することができました。

どこが 問題か⁉

　内縁の妻は、相続人になりません。たとえば被相続人に認知した子（内縁の妻との子）がいれば、その子は相続人になり財産を引き継がせることができます。もちろんこの場合も、内縁の妻には財産は遺せないことになります。

☑ 注意すべきポイント

　内縁の妻には相続権がなく、すべて他の相続人が相続してしまい

ます。被相続人に子がなく、兄弟姉妹が相続人の場合、被相続人名義の不動産・預貯金などはすべて兄弟姉妹のものとなります。内縁の妻はすべて失う結果となることもあります。

　あるいは被相続人に子がある場合でも、その子が内縁の妻との子（認知した子）でなく、離婚した先妻の子などの場合、すべての財産はその子の所有となってしまいますので、遺言書を作成されることをお勧めいたします。

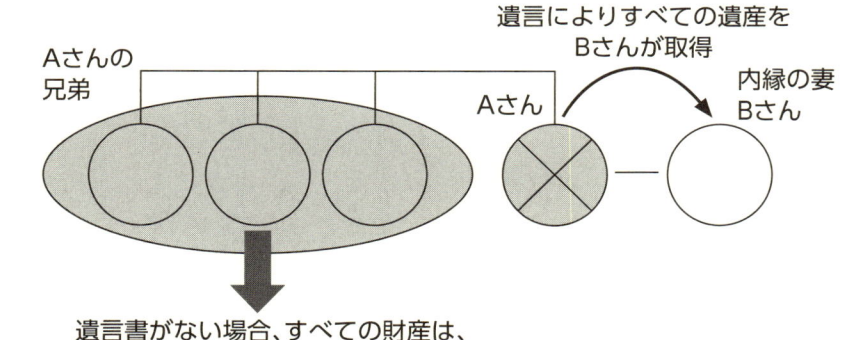

（注）この事例の場合、兄弟相続ですから、遺留分はありません。

6. 何度か結婚し、異父兄弟・異母兄弟のいる人は遺言書を残さないと大変！

　Aさんは何度か結婚しており、その子供たちが相続でもめないか心配ということで相談に来られました。お話をお聞きすると、最初の結婚は12年前のBさん。Bとの間に2人の子がおり、今は全く連絡を取っていないとのことです。

　2回目のCさんとの結婚では1人の子がおり、6年前に一度連絡をした程度で今は連絡先もわからないでいる状況。そして3回目に現在のDさんと結婚し、2人の子供がいます。この2人の子供たちのためにも自分の死後、相続で子供たちに迷惑をかけたくないという相談でした。

　財産内容は預貯金のみ（住居は賃貸）、争いだけは回避したいという強い要望をお持ちでしたので、遺留分に配慮した遺言書を作成することになりました。

どこが 問題か!?

　遺言書がない場合、相続人全員での話合いが必要で、全員の合意がない限り遺産分割の協議は成立せず、被相続人名義の預金は解約することができずに、凍結された状態が続きます。

　異父兄弟、異母兄弟の相続の場合、相続人の確定、相続人の所在の確認など相続人間での音信や情報が乏しく、話合い自体が難しい場合が多く見受けられます。

☑ 注意すべきポイント

　異父兄弟、異母兄弟はその存在すら知らないということも珍しくはなく、両親の死亡後、相続手続きの際に、戸籍謄本を確認して初めてその存在を知ったというケースも少なくはありません。会ったことや見たことがない場合、会話を交わしたことがない場合は多々あります。

　さらに、たとえ異父兄弟、異母兄弟ということを十分わかっている場合であっても、これまでの経緯や生活環境、被相続人が離婚した原因や関連する背景などが影響して話合いがスムーズに進まないことも予測され、遺産分割協議を成立させていくのは非常に難しくなるケースがあります。

　また、遺言書がある場合であってもその内容に納得できない兄弟が出てくることも大いに考えられます。遺留分に関しても慎重に考慮したうえで、遺言を検討する必要があります。

7. 仲のよい子供たちでも遺産が自宅不動産だけの場合は相続でもめる!?

　Aさんは生前に何か対策が必要かどうか相談に来られました。妻は数年前に亡くなっており、子供は長男Bと二男Cの2人。Bさんは妻と2人の子もいて、Aさんとは同居でゆくゆくは家を継ぐ予定でいます。Cさんは大学卒業後、実家を離れ県外で結婚し、新居も構えています。

　BさんとCさんは幼少の頃からよく一緒に行動しており、喧嘩をした記憶もないくらい仲の良い兄弟でした。

　Aさんとしては遺言書を書くことは夢にも思っていませんでしたが、Aさんの財産はBさんが継ぐ予定の家と土地以外になく、預貯金はほとんどないということです。その不動産の評価合計で3,000万円ほどになりますが、はたして何も対策を取らなくても大丈夫なのでしょうか?

　もちろん現在のところは、BさんとCさんは具体的な相続の話などはしたこともありませんし、Aさんからもその話を持ちかけたことはありません。

どこが 問題か!?

　Aさんが死亡して相続が発生すると、法定相続分は2分の1ずつであり、遺産分割の際、Cさんから相続分の主張があるかもしれません。

　不動産以外の資産がない場合、不動産を分割することは難しいですので、Bさんは不動産を相続する代わりにCさんに代償金を払い

遺産分割を成立させることになります。

☑ 注意すべきポイント

現在、BさんとCさんは仲が良いですが、遺産分割協議の際、Bさん Cさんはそれぞれ奥さんや子供、知人、専門家などに相談することが考えられます。

Cさん本人の意見としてはBさんが家を継ぐのだから相続分はなくてもいいと考えるかもしれませんが、大切な事柄ですので家族の意見などを聞いたうえで慎重に判断することも考えられます。もし法定相続分を主張されると、Bさんの代償金の金額も高額になってしまいます。Aさんとしては視野を広げて対策をとる必要があります。

3,000万円

Aさん

Bさん　Cさん

8. 連れ子を養子縁組していないと戸籍上は赤の他人

　ＡさんはＢさんと婚姻した際、Ａさんには連れ子Ｃさんがいました。それはＣさんが２歳の時で、Ｂさんを本当のお母さんだと思い長年暮らしてきました。

　十数年前Ａさんは65歳で死去、Ａさんの遺産である不動産、預貯金はそのほとんどをＢさんが相続して、その後ＢさんとＣさんは２人暮らしをしてきました。

　Ｂさんも高齢になり体の自由が利かなくなり、Ｃさんは病院への通院や施設への通所など懸命に母の世話をしていました。ある日、Ｃさんはたまたま参加した相続セミナーで相続人について、はっとさせられる場面があり、あわててセミナー後の個別相談を申し込みました。

　そういえば以前、戸籍謄本を見たことがある。母Ｂは本当の母でないことは知っているが、もしかしてその母Ｂが亡くなったときは、私は相続の権利は何もないのか？　との質問でした。

　幸いＢさんは精神上の障害はなく、しっかり物事を考えられる状態でしたので、早急に養子縁組の手続きをしました。まさか、この歳で養子になるとはと、Ｃさんは少し照れ臭そうでした。

どこが 問題か⁉

　連れ子を養子縁組していないケースもたまに見られます。

　長年本当の親子のように過ごしてきても戸籍上は全くの他人です。

　養子縁組をしていない場合は、相続人にはなれませんので、全く

財産を引き継げないということにもなりかねません。

☑ 注意すべきポイント

　養子縁組することによって法律上の子となります。養子縁組することで相続人としての権利が発生します。子のない人が亡くなった場合、第二順位あるいは第三順位の相続人となりますが、養子を迎えることでその養子が相続人となり、養子の有無で相続人関係が一変することもあります。今回のケースのように婚姻相手の連れ子に関しても、養子縁組をすることで相続人になりえます。

　自分に子がない場合、自分の相続人はその養子であり、自分にも子がいる場合、自分の子とその養子が相続人となります。逆に一度養子縁組した後、離縁のし忘れということも発生しますので注意が必要です。

　たとえば、婚姻して連れ子を養子にした後に離婚した場合、養子との関係は離縁しない限り養子のままの状態ですので、そのままでは相続人となってしまいます。注意が必要です。

コラム　死後離婚

　死後離婚とは配偶者の死後に"姻族関係終了届"を役所に提出することで、姻族にあたる義理の両親や義理の兄弟姉妹との縁を一方的に切るということで、法律用語ではなく、マスコミが作った造語です。

　姻族関係終了届を提出した場合、戸籍にその事実が記載されるだけで、除籍されるわけではなく、配偶者とはあくまで死別のため、遺産や遺族年金を受け取る権利はあります。

Ⅲ

生前対策で
相続税の負担を
軽くする

1. 子供に多額の現金を生前贈与すると…

　Aさんは子供に多額の現金を贈与しており、税金の負担が心配となって相談に来られました。

　Aさんの家族は、妻のBさん、長男Cさん、長女Dさん。Cさんには孫が2人（EさんFさん）います。財産を聞いてみると、預貯金3,000万円、自宅の土地が2,000万円、建物が500万円で合計5,500万円です。この預貯金のうち1,000万円を長男Cさんに贈与したということでした。

　贈与により現金1,000万円を受け取った長男Cさんの贈与税の負担を説明すると、

≪計算式≫

A→長男C

（1,000万円 − 110万円）× 30% − 90万円 = 177万円

177万円もの贈与税の負担が生じます。

1,000万円贈与

A

長男C
（20歳以上）

どこが **問題か⁉** ⋯⋯⋯⋯⋯⋯⋯⋯⋯⋯⋯⋯⋯⋯⋯⋯⋯⋯⋯⋯⋯

　贈与税は、毎年1月1日から12月31日までの1年間に贈与され

た財産の合計額から基礎控除額110万円を引いた額に課税されます（暦年課税）。したがって、1年間に贈与された財産額が110万円以下であれば贈与税は課税されません。また、1年間に贈与された財産の金額が大きければ大きいほど税率が高くなる累進課税で、財産を贈与された人単位で課税されますので、1人にまとめて贈与すると贈与税の負担が大きくなります。

　贈与税の負担を軽くするためには、次のような方法があります。

① 年をまたいで贈与する

　贈与する年を分けることにより、贈与税負担を軽減することができます。

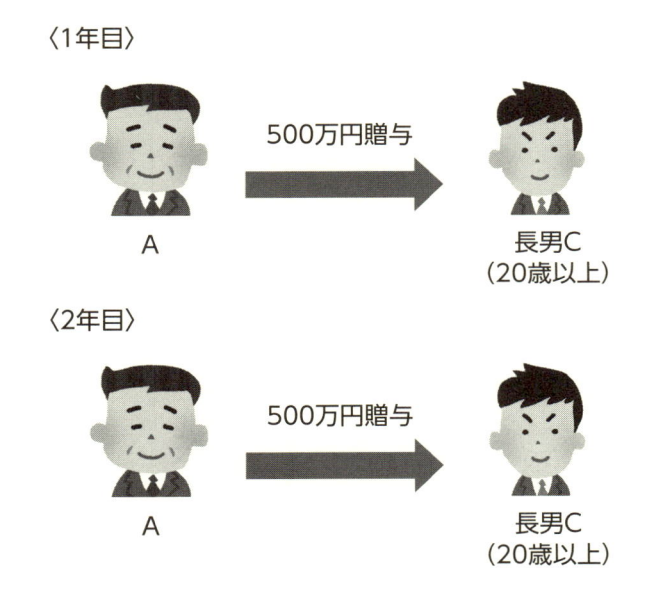

〈1年目〉

500万円贈与

A

長男C
（20歳以上）

〈2年目〉

500万円贈与

A

長男C
（20歳以上）

≪計算式≫

＜1年目＞

（500万円 − 110万円）× 15％ − 10万円 = 48万5,000円

＜2年目＞

（500万円 − 110万円）× 15% − 10万円 = 48万5,000円

合計97万円

　上記のケースでは、1年で贈与する場合に比べ、2年に分けて贈与することで、贈与税の負担が80万円軽くなります。

② 分散して贈与する

　贈与として財産を渡すことができる相手は、年齢制限もなく誰でも構いませんので、1年間に多くの人数に贈与することもできます。

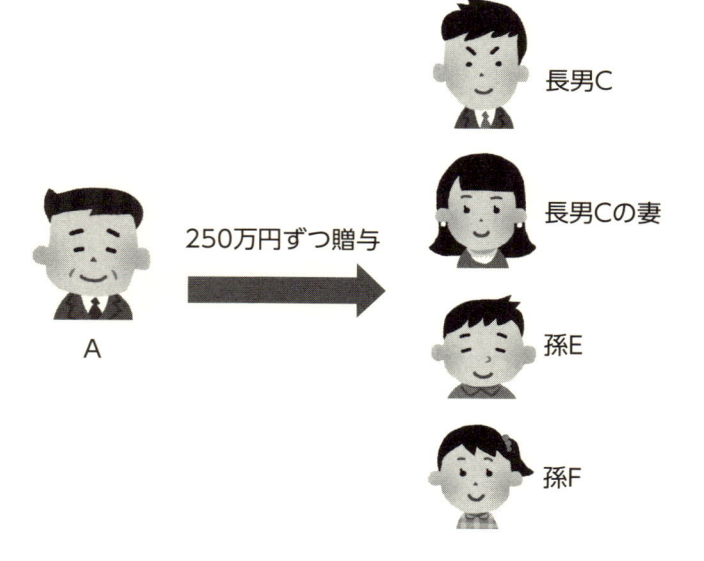

≪計算式≫

A→長男C　　　　（250万円 − 110万円）× 10% = 14万円

A→長男Cの妻　　（250万円 − 110万円）× 10% = 14万円

A→孫E　　　　　（250万円 − 110万円）× 10% = 14万円

A→孫Ｆ 　　　　（250万円－110万円）×10％＝14万円

合計56万円

上記のケースでは、長男Ｃ１人に贈与する場合に比べ、長男Ｃの家族４人に贈与することで、贈与税の負担が121万円軽くなります。

☑ 注意すべきポイント

１）生前に贈与していたはずの預貯金について、被相続人の財産であるとみなされる場合があります。

よくあるのは、祖父母が孫の名義で預金を行い、通帳や印鑑などは祖父母がそのまま所有し管理しているケースです。

この場合、形式的には孫の名義の預貯金であっても、もともと預け入れした原資や管理の状況などから、実質的には被相続人のもので、家族の名義を借りて所有しているにすぎない「名義預金」として被相続人の相続財産に含めて申告しなければなりません。この名義預金とみなされないために、生前贈与を行う際の留意点が２つあります。

（１）　贈与した証拠を残す

贈与の事実を明らかにするために、

①　贈与契約書を作成する。

②　作成した贈与契約書に公証役場で確定日付を取っておく。

③　現預金の贈与の場合は、贈与者の預金口座から受贈者の預金口座へ振り込み、通帳に履歴を残す。

（２）贈与した財産の管理に注意する

贈与者が管理していたと判断されないために、

①　贈与された財産は、受贈者が管理する。つまり、受贈者がいつでも自由に使える状態にする。

②　新たに預金口座を開設する時は、申込書は受贈者の自筆で記入・署名し、銀行届出印は受贈者が管理する。

2）相続や遺贈により財産を取得した人が、被相続人の死亡前3年以内に被相続人から贈与された財産がある場合には、その財産は相続税の課税対象として相続財産に加算されます。この生前贈与加算の規定は、110万円以下の財産の贈与についても適用されます。

　具体的には、贈与された財産を含めて相続税を計算し、贈与財産についてすでに納めた贈与税がある場合は、この贈与税を相続税から控除することができます。

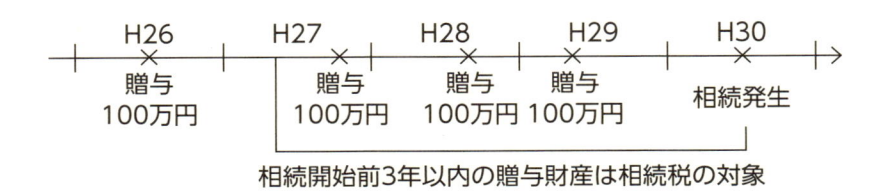

相続開始前3年以内の贈与財産は相続税の対象

　相続人ではない孫に生前贈与をした場合、その贈与者である祖父が3年以内に亡くなり相続が開始したとしても、孫には生前贈与加算の適用はありません。

　ただし、相続人以外である孫への贈与であっても、生前贈与加算の対象となる場合があります。遺言により孫が財産を受け取る場合と死亡保険金を受け取る場合です。

　祖父の遺言により財産を受け取る場合は、「遺贈」により財産を取得した人に該当しますので、生前贈与加算の適用があります。

　祖父の死亡に伴い死亡保険金を受取人である孫が受け取った場合、相続または遺贈により取得したとみなされて、生前贈与加算の適用があります。

2. 家を継ぐ子供に 早めに財産を渡す!!

問題事例

　Aさんは家を継ぐ子供に早めに財産を渡したいということで相談に来られました。

　Aさんが亡くなった時、相続人となるのは、妻のBさん、長男Cさん、長女Dさんの3人です。長男Cさんが家を継ぐことが家族会議で決まり、財産を早めにあげたいということでした。財産を聞いてみると、預貯金2,000万円、自宅の土地建物が3,000万円、アパートの土地建物が2,000万円で合計7,000万円です。

　このうちのアパートを長男Cに贈与したいということで、2,500万円まで贈与税がかからない「相続時精算課税制度」を使って生前贈与することとなりました。

〈相続時精算課税制度とは〉

　「相続時精算課税制度」とは、贈与を行う年の1月1日において60歳以上の父母または祖父母から、同じく贈与を行う年の1月1日において20歳以上の子または孫に対して、財産を贈与した場合において選択できる贈与税の制度です。

　この制度を選択すると、その選択にかかる贈与者からの贈与について、相続開始まで複数回の贈与が可能で、通算2,500万円の特別控除額が与えられています。

　この2,500万円という大きな特別控除額のおかげで、まとまった財産を生前に贈与することが可能となります。

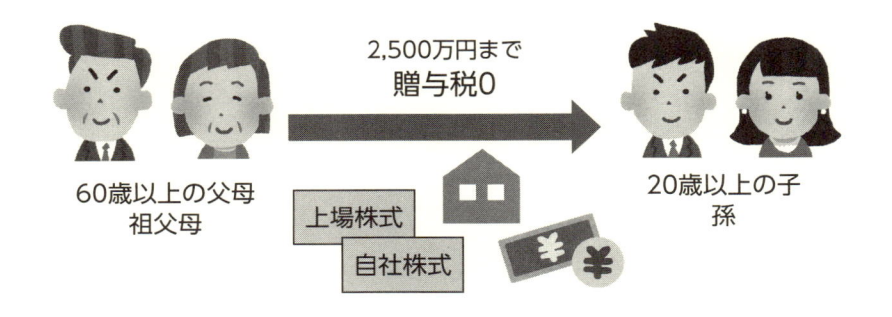

2,500万円まで
贈与税0

60歳以上の父母
祖父母

上場株式
自社株式

20歳以上の子
孫

　この相続時精算課税制度を使う場合、次のような贈与が有利です。

（1）収入を早期移転するために収益物件を贈与する

　賃貸不動産を贈与することで、そこから得られる賃貸収入を次世代に早期に移転することができます。これにより、父母や祖父母の財産の蓄積を回避でき、相続財産がこれ以上増えることを防ぐことができます。また、子や孫に収入が移転することで、将来の相続税の納税資金を準備することにもつながります。

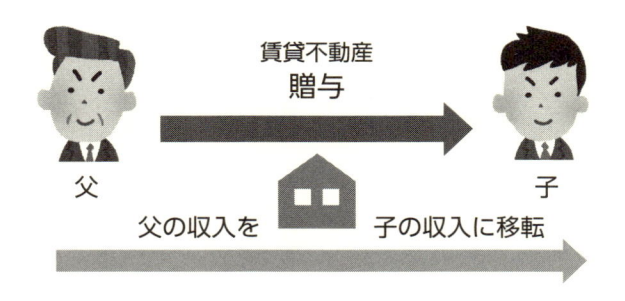

賃貸不動産
贈与

父　　　　　　　　　　　　　　　　　子

父の収入を　　　　　子の収入に移転

（2）将来値上がりが期待される財産を贈与する

　相続時精算課税により贈与された財産は、贈与時の価額が相続税の対象となります。つまり、将来値上がりが予想される財産は、値上がり前の価額が相続税の対象となるので、相続時精算課税で贈与したほうが有利となります。

将来値上がりが期待される財産としては、

① 幹線道路が通る予定の道路に面する土地

② 現在市街化調整区域に指定されているが、将来市街化区域に編入される可能性がある土地

③ 開発計画があり将来時価が上昇すると思われる土地

などが挙げられます。

（3）会社の後継者に自社株式を贈与する

事業承継対策として、含み損のある不動産の売却やオーナー経営者への生前退職金支給などにより自社株の評価を下げた後に、後継者である子や孫へ相続時精算課税を使って贈与するという方法もあります。その後、後継者である子や孫が業績を伸ばして自社株の評価額が上がったとしても、贈与時の低い価額で相続税を計算することができます。

また、自社株をあらかじめ後継者に贈与しておくことで、事業承継をスムーズに行うことが可能となります。

経営者（親） → 自社株式 贈与 株式 → 後継者（子・孫）

どこが 問題か⁉

① 相続時精算課税による贈与は高額になる場合が多いため、他の相続人の遺留分を侵害する贈与であれば、遺留分減殺請求をされる可能性があります。

② 相続時精算課税により小規模宅地の特例の適用要件を満たした

宅地等を贈与してしまうと、その土地について相続発生時の相続税の計算において小規模宅地の特例を受けることができません。

③ 相続時精算課税により贈与された財産は、相続税の物納の対象とすることができません。

✓ 注意すべきポイント

① この制度を選択する場合は、受贈者（子または孫）は、贈与者（父母または祖父母）から最初に相続時精算課税による贈与を受けた年の翌年2月1日から3月15日までの間に、相続時精算課税選択届出書を贈与税の申告書とともに提出しなければなりません。

② 一度相続時精算課税を選択したら、その選択にかかる贈与者からの贈与については、「暦年課税」へ変更することができません。つまり、子が父からの贈与について相続時精算課税を選択した後は、110万円以下の贈与であっても贈与税の申告が必要となります。ただし、選択した父以外からの贈与については、暦年課税による贈与となり、基礎控除額110万円が適用されます。

③ 相続時精算課税により贈与された財産は、もし滅失してしまった場合であっても、贈与を受けた時の金額により相続財産に加算しなければなりません。贈与された財産の管理には注意が必要です。

④ 不動産や株式など評価額が変動する財産は、贈与時の評価額よりも相続時の評価額のほうが下落していたとしても、贈与時の高い評価額で相続税を計算しなければならないので、注意が必要です。

⑤ 不動産の贈与の場合、所有権移転登記にかかる登録免許税が相続登記に比べ5倍と負担が大きくなります。また、相続の場合は非課税である不動産取得税が課税されます。

3. お孫さんにまとめて教育資金を贈与する

問題事例

　Aさんが孫2人への教育資金の一括贈与を検討されていて、相談に来られました。

　Aさんが亡くなった時、相続人となるのは、妻のBさん、長男Cさん、長女Dさんの3人です。Cさん、Dさんにはそれぞれ子が（Aさんにとっては孫）1人ずついます。財産を聞いてみると、預貯金5,000万円、自宅の土地が2,000万円、建物が500万円で合計7,500万円です。

　Aさんが何も対策をしない場合と、孫2人に1,500万円ずつ教育資金の贈与をした場合での、相続税の負担を図解すると、次のようになります。

〈家系図〉

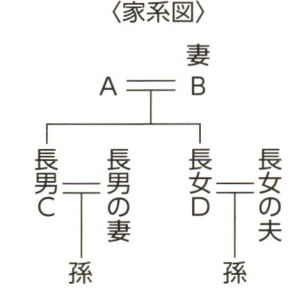

	〈現　在〉	〈一括贈与後〉
預貯金	5,000万円	2,000万円 （贈与分3,000万円減る）
土地建物	2,500万円	2,500万円
遺産合計	7,500万円	4,500万円
基礎控除額	4,800万円	4,800万円
課税対象額	2,700万円	0円
	⬇	⬇
相続税	約287万円	相続税ナシ！

この一括贈与を行うと、相続税の負担はなく、相続税申告する場合の税理士報酬もかからないので、負担が少なくてすみます。Ａさんは教育資金の一括贈与を行うことにしました。

どこが 問題か⁉

① 　教育資金の一括贈与は、平成25年４月１日から平成31年３月31日までの間に、祖父母や父母等が30歳未満の子・孫等へ、教育資金に充てるために、金融機関等にお金を預けた場合に、1,500万円までの金額について、贈与税が非課税となる制度です。

② 　祖父が金融機関に1,500万円までの教育資金を拠出し、孫名義の教育資金口座を開設します。金融機関を経由して教育資金非課税申告書を提出することで贈与税が非課税となります。

③ 　孫は教育資金の支払いの都度、金融機関に領収書等を提出し、教育資金を引き出します。引出方法は、学校等に支払いをした後に口座から引き出す方法と、先に口座から引き出し学校等に支払いをした後に金融機関に領収書を提出する方法のいずれかを選択することとなります。

④ 　孫が30歳に達した日に教育資金口座に残高がある場合は、その残高に贈与税が課税されます。また、教育資金以外に使用した場合も、残高にその金額を加えて贈与税が課税されます。なお、孫が30歳に達する前に死亡した場合には、残高にかかる贈与税は非課税となります。

⑤ 　孫が30歳に達する前にもしくは教育資金を使い切る前に、贈与した祖父が亡くなった場合であっても、祖父の相続財産に残高を加算する必要はありません。このため、相続税軽減対策として有効です。

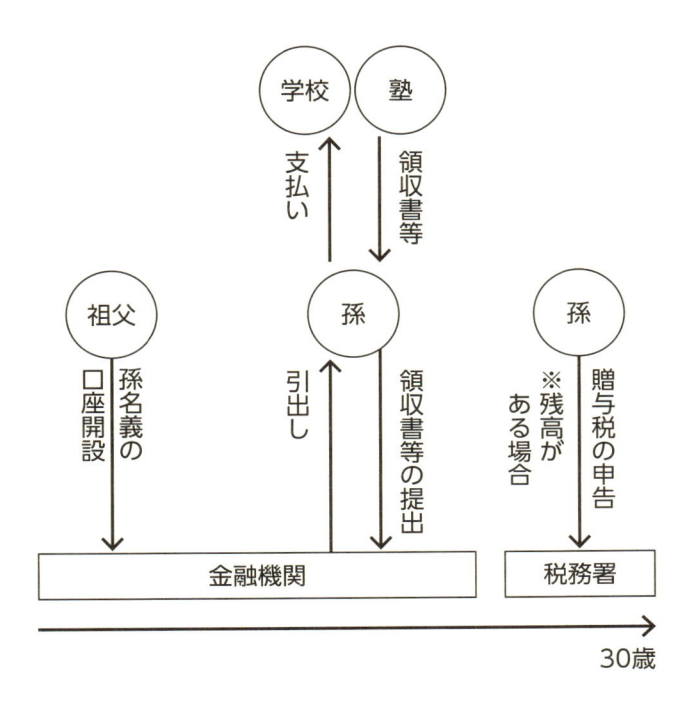

30歳

☑ 注意すべきポイント

　そもそも親や祖父母などの扶養義務者から、子や孫に対して生活費や教育費に充てるための資金援助は、通常必要と認められる金額をその都度贈与している場合、贈与税はかかりません。

　教育資金の一括贈与の場合、金融機関を経由する手間がありますので、必要な都度贈与をするのか、30歳までの教育資金をまとめて贈与するのか、贈与する人とそれを受ける人の年齢や健康状態、状況に応じて判断する必要があります。

参　考

≪教育資金の範囲≫

（1）学校等に対して直接支払われる次のような金銭は、1,500万円

まで対象となります。

① 入学金、授業料、入園料、保育料、施設設備費または入学、入園試験の検定料

② 学用品の購入費や修学旅行費、学校給食費など学校等における教育に伴って必要な費用

(注)「学校等」とは、学校教育法で定められた幼稚園、小・中学校、高等学校、大学（院）、専修学校および各種学校、一定の外国の教育施設、認定こども園または保育所などをいいます。

（2）学校等以外に対して直接支払われる次のような金銭で社会通念上相当と認められるものは、非課税金額1,500万円のうち500万円まで対象となります。

① 教育（学習塾、そろばんなど）に関する役務の提供の対価や施設の使用料

② スポーツ（水泳、野球など）または文化芸術に関する活動（ピアノ、絵画など）その他教養の向上のための活動に係る指導への対価

③ ①②の指導で使用する物品の購入に要する金銭で役務の提供や指導を行うものに直接支払われるもの

④ 教科書や学校指定の学用品の購入費など、学校等が必要と認めたもの

⑤ 通学定期券代、留学のための渡航費などの交通費

4. 住宅取得資金の贈与特例を利用して相続税負担を軽減

問題事例

　Ａさんが今年に入って亡くなりました。Ａさんの家族構成は妻Ｂさん（同居）、長男Ｃさんと二男Ｄさんの４人です。Ａさんには自宅不動産5,000万円のほか、金融資産8,000万円があり、遺産分割について心配はしていませんでした。一方、長男Ｃさんは自己資金と借入金で新築住宅の購入をしたばかりでした。

どこが 問題か⁉

　長男Ｃさんのような住宅購入の際に住宅取得資金の贈与特例を利用することで、一定の額まで贈与税が非課税となります。贈与により、被相続人の財産を圧縮することで、相続税対策ができます。平成28年1月から平成32年3月までは原則700万円の非課税枠があるので、今回のケースでは課税財産が700万円減少し、それに対応する相続税が減少することになります。

✔ 注意すべきポイント

　子や孫へ住宅取得・増改築のために資金を贈与した場合には、一定の範囲で贈与税が非課税になります（平成33年12月31日まで）。

　特例を受けることができる受贈者は、①贈与時に日本国内に住所を有する者、②贈与時に贈与者の直系卑属（子・孫）、③贈与年の1月1日に20歳以上、④贈与年の合計所得金額が2,000万円以下、という条件があります。

　贈与による資金取得の翌年3月15日までに住宅用家屋を取得し、

居住の用に供していることが必要です。なお、戸建住宅の建築の遅れ等の事情により、翌年3月15日に間に合わない場合もあるため、翌年12月31日まで猶予期間を設定しています（災害によるやむをえない場合を除きます）。ただし、分譲住宅、分譲マンションについては、翌年3月15日までに引渡しを受けていることが必要です。

　非課税となる住宅取得資金の限度額は契約締結期間に応じて下記のとおりです（カッコ内の金額は省エネ・耐震住宅の場合）。

1）住宅取得資金非課税限度額
　①　平成28年1月〜平成32年3月：700万円（1,200万円）
　②　平成32年4月〜平成33年3月：500万円（1,000万円）
　③　平成33年4月〜平成33年12月：300万円（800万円）

2）特別住宅取得資金非課税限度額（消費税率10％での取引の場合）
　①　平成31年4月〜平成32年3月：2,500万円（3,000万円）
　②　平成32年4月〜平成33年3月：1,000万円（1,500万円）
　③　平成33年4月〜平成33年12月：700万円（1,200万円）

　一方、新築または取得する家屋の条件は下記のとおりです。

1）家屋の床面積（登記簿上）は50㎡以上240㎡以下で2分の1以上が自己の居住用

2）既存住宅の場合、①取得の日以前20年（耐火建築物25年）以内に建築、②耐震基準適合証明書等の証明がされたもの、③②以外の場合は所定の耐震改修済等の証明がされたもの

　なお、住宅取得資金の贈与特例は、相続時精算課税、暦年贈与のいずれとも併用ができます。

　また、当該贈与は相続発生前3年以内の生前贈与加算の対象外になります。一方、贈与を受けた年に贈与者に相続が発生した場合には、その年分の贈与税の申告が必要になることに注意します。

5. 小規模宅地特例は自宅ではなく貸付不動産に適用したほうがトク!?

問題事例

　Aさんには自宅不動産4,000万円、貸付不動産7,000万円、金融資産5,000万円がありました。今回Aさんに相続が発生し、相続人は妻Bさんと長男Cさん（いずれも同居）の2人です。土地の単価は、自宅よりも貸付不動産のほうが高く、相続税の特例である小規模宅地の特例は、自宅でなく貸付不動産について適用する方針です。配偶者への贈与特例があるのは知っていましたが、遺産分割にも問題は生じないだろうと考えて、検討もしませんでした。

どこが 問題か⁉ ....

　相続税の特例としての小規模宅地の特例について、自宅でなく他の不動産について適用する計画があれば、自宅不動産を配偶者へ贈与して、贈与税の配偶者控除の特例を検討すべきでしょう。今回のケースで2,110万円（配偶者特例＋贈与税基礎控除）を活用した場合、約600万円（他の相続税の特例を受けなかった場合）の節税につながります。

☑ 注意すべきポイント

　贈与税の配偶者控除の特例は、贈与税の基礎控除額110万円に加えて2,000万円を非課税の上限として受けることができる特例です。

　贈与税の配偶者控除を受けるための条件は次のとおりです。

① 　婚姻期間が20年（婚姻の届出日から贈与日まで）以上の夫婦間での贈与であること

② 居住用不動産（土地・借地権など・家屋）または居住用不動産取得のための金銭の贈与であること

③ 贈与を受けた年の翌年3月15日までに、贈与を受けた居住用不動産または贈与を受けた金銭で取得した居住用不動産に実際に居住しており、かつ、その後も引き続き居住する見込みであること

　相続開始前3年以内に被相続人から贈与を受けた財産については、その価額を相続税の課税価格に加算します（生前贈与加算）。ただし、相続開始前3年以内に居住用不動産の贈与を受けていた場合、この贈与税の配偶者控除の適用を受けた部分の金額については、生前贈与加算の適用はありません。

　なお、相続開始年分の居住用不動産の贈与について、この特例を受ける場合、贈与税の申告が必要になります。この申告を忘れた場合には、相続税の計算上、贈与税の配偶者控除の適用を受けられず、全額生前贈与加算となります。

　また、贈与された居住用不動産については、小規模宅地の特例が受けられなくなるので、注意が必要です。

　合わせて、二次相続では次の世代の誰が承継していくか、将来売却する方針なのか等も、考慮しておくことも大事です。

6. お墓は生前に建てたほうが相続税負担が軽くなる

問題事例

　Aさんが生前にお墓を建てるべきか亡くなった後に建てるべきか、相談に来られました。

　Aさんが亡くなられた時、相続人となるのは、妻のBさん、長男Cさん、長女Dさんの3人です。財産を聞いてみると、預貯金2,000万円、自宅の土地が2,500万円、建物が500万円で合計5,000万円です。お墓を建てるのに約500万円かかるということでした。

　Aさんの場合、生前にお墓を建てる場合と亡くなった後に建てる場合で、相続税の負担を説明すると、次の図のとおりです。

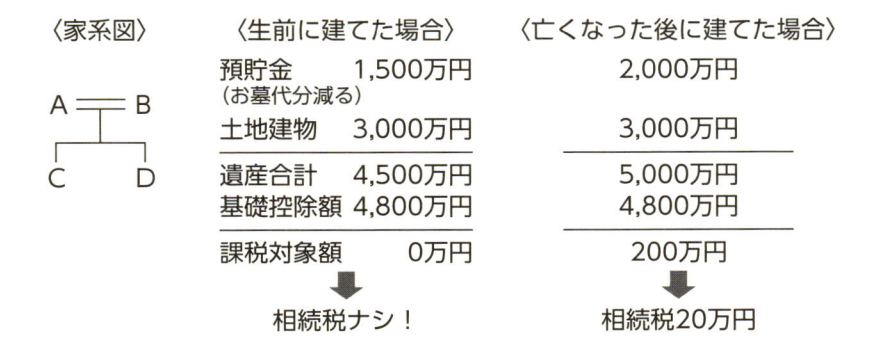

〈家系図〉	〈生前に建てた場合〉	〈亡くなった後に建てた場合〉
	預貯金　1,500万円 （お墓代分減る）	2,000万円
A ＝ B C　D	土地建物　3,000万円	3,000万円
	遺産合計　4,500万円	5,000万円
	基礎控除額　4,800万円	4,800万円
	課税対象額　0万円	200万円
	↓	↓
	相続税ナシ！	相続税20万円

　生前に建てれば、相続税の負担はなく、相続税申告する場合の税理士報酬もかからないので、負担が少なくてすみます。Aさんは生前にお墓を建てました。

① お墓・仏壇などの祭祀財産は、相続財産に当たらないため、相続税の課税対象となりません。このため、生前にお墓や仏壇などを購入すれば、手元の財産が減ることで、相続税の節税につながります。

② お墓・仏壇などの祭祀財産を受け継いで管理したり、法要を執り行う「祭祀承継者」は、被相続人に指定された人がなります。指定がない場合は、話合いにより祭祀承継者を決めることとなります。

☑ 注意すべきポイント

お墓をローンで購入して完済前に亡くなった場合、ローンの残額は相続税の債務控除の対象とはならず、相続税の節税効果が少なくなります。

また、純金製の仏像などあまりにも不自然に高価な仏具や仏像を購入し、それが崇拝の対象となっていないような場合には、税務署に課税逃れと判断され祭祀財産とは認められず、相続税の課税対象とされる可能性があります。

7. 自宅が区分登記されたままだと小規模宅地特例の適用外？

問題事例

　Rさんは今年70歳を迎えます。10年前に自らが所有する土地に二世帯住宅を建築し、1階部分にはRさんと配偶者が、2階部分には生計別の長男が住んでいます。建築当時に将来、2階部分を長男へ贈与するつもりであったため、1階、2階をそれぞれ区分所有登記しました。

建物：Rさん所有		
2階	生計別の長男の居住用	建物区分所有登記60㎡
1階	Rさんと配偶者の居住用	建物区分所有登記60㎡
土地：Rさん所有200㎡		

　Rさんは、二世帯住宅に対する小規模宅地の特例の取扱いが平成26年1月1日以後に変わったことをつい最近になって知り不安になっています。なお、小規模宅地の特例とは、相続税の計算上、土地の評価額を一定の要件のもとに減額できる制度で、このうち居住用宅地等と呼ばれる自宅の土地については、その面積の330㎡までについて評価を80％減額できる仕組みです。

どこが 問題か⁉

　この状況で相続が開始した場合に建物が区分所有登記されていると、小規模宅地の特例対象となるRさんの居住用宅地等の面積は全体の200㎡のうち1階部分に対応する100㎡となり、Rさんの長男の居住用部分に対応する土地は小規模宅地の特例対象となりません。

　また、生計別の長男はRさんの同居の親族に該当しないことから、

Rさんの居住用宅地等を相続しても特例の対象とはなりません。

　以上から、小規模宅地の特例対象として80％減額の対象となる土地の面積は次に示すとおりで、一部の面積に限られます。

　ア．配偶者が土地のすべてを相続した場合
　　小規模宅地の特例の対象となる面積は配偶者取得分のうち次のもの
　　200㎡×60㎡（1階）／120㎡（1、2階）＝100㎡
　イ．配偶者と長男が1／2ずつ土地を相続した場合
　　小規模宅地の特例の対象となる面積は配偶者取得分のうち次のもの
　　200㎡×60㎡（1階）／120㎡（1、2階）×持分1／2＝50㎡
　　1／2を相続した長男には適用がありません

✓ 注意すべきポイント

　小規模宅地の特例はその適用にあたって細かな要件があり、また、税制改正によって取扱いが変わることがあるので注意が必要です。

　事例において、特例が適用できる面積を制限されないための手段として区分所有登記を解消する登記が想定されます。この登記については土地家屋調査士に相談をしましょう。また、登記の結果思わぬ課税が発生しないように事前に税理士に相談したほうが安心です。

　事例において、区分登記がない場合に80％減額の対象となる土地の面積は次に示すとおりで敷地の全部に適用できます。

　ア．配偶者が土地のすべてを相続した場合
　　配偶者取得分のうち200㎡
　イ．配偶者と長男が1／2ずつ土地を相続した場合
　　配偶者取得分のうち次のもの
　　200㎡×持分1／2＝100㎡
　　長男取得分のうち次のもの
　　200㎡×持分1／2＝100㎡

---

8. 生命保険証券が見つからない！

問題事例

　お父様が亡くなり、相続の相談に来られたＡさんのケースです。

　お母様は５年前に亡くなり、一人暮らしをされていたお父様ですが、預金通帳などは見つかりましたが、「生前、子供たちのために生命保険に入っておいたから……」と言っていたのに、保険証券が見つからず、どうしたらいいのでしょうか？　とのご相談でした。

どこが 問題か⁉

　生命保険は被保険者の死亡を起因として、保険金の請求をしますが、証券がないと請求できません。

　本契約以外にも、特約の加入により、入院給付金や手術給付金などが支払われる場合もあります。この特約加入の条項も保険証券に記載されていますから、保険証券は必要です。

☑ 注意すべきポイント

・保険の加入契約の有無を確認してください。

・証券が見つかったら、契約内容を確認してください。

①　保険会社および契約日

②　生命保険金額

③　保険金の受取人

「指定請求代理人」の届出も必要ならば保険会社で手続きを取ることをお勧めします。

　特定疾病特約やリビングニーズ（特定の疾病になったとき、ある

いは、余命6か月と診断されたときに保険金が下りる制度）は、本人が告知を拒否したりしている場合は、生前の請求を見逃しがちですから、特約条項の請求人として本人以外・家族の誰かが請求できるよう、保険会社に「指定請求代理人」の届出をしておくことが大切です。

　お一人様の場合は必要不可欠です。

　なお、保険加入は確認されても保険証券が見つからない場合は、加入の事実は保険料引落し等、預金通帳で確認できますので、保険会社に証券の再発行を請求してください。

9. 生命保険金の受取人が亡くなったときは名義変更を忘れずに!

問題事例

　お父様が亡くなり、長男のＢさんが相談に来られました。生前、お父様は生命保険に1,000万円（死亡保険）加入されていました。ところが、受取人とされていた配偶者であるお母様は5年前に病死されています。受取人は変更されることなく手続き未了でした。

どこが 問題か!?

　生命保険金は被保険者の死亡により、受取人に支払われます。保険金は受取人固有の権利で、分割協議の対象ではありませんが、今回の事例のように受取人が亡くなっていて、受取人の名義変更が未了の場合には、相続財産として分割協議の対象となります。

☑ 注意すべきポイント

・受取人が亡くなっている場合は、受取人の名義変更手続きを保険会社で行ってください。

・名義変更とともに、「指定請求代理人」の届出も併せて行ってください。

　生命保険特約事項にある「手術給付金」や「入院給付金」の未受領分の権利は被保険者にあり、死亡時には相続財産となり、請求者も保険金受取人ではなく相続人共有の権利ですので、特に注意が必要です。

コラム LGBTの相続（同性カップルの相続）

　法律では、相続権は戸籍上の配偶者や父母、兄弟姉妹など、法定相続人に限られています。

　同性パートナーシップ証明書が発行されている同性カップルでも、相続権は認められていません。

　生前に2人で財産形成をしたのだからと、相手方が亡くなった際に遺産を承継させるためには、次のようにするとよいでしょう。

①　遺言書の作成

②　養子縁組によって養子（養親）になる

　上記の方法や手段により、パートナーの財産を相続することが可能となります。そうでないと、通常の法定相続により、親または兄弟姉妹に相続されることになります。

IV

納税資金を
確保する

1. 遊休不動産をそのままにするのはトラブルの元!

　Aさんは地方に遊休不動産を所有しており、「いずれ何とかしなくては」と考えてはいましたが、特別に何の行動もしていませんでした。やがてAさんに相続が発生し、長男のBさんがあわてて売却の手配をしましたが、突然ということもあって、買主がなかなか現れません。結局、遊休不動産も相続税評価額で相続財産に加算され、相続税を払うことになりました。

どこが 問題か⁉

　不動産は必ず相続税の課税価格に算入される財産です。事前に守る不動産、活用する不動産、処分する不動産をそれぞれ明確にして、対処すべきでしょう。

☑ 注意すべきポイント

　ご自宅を含む不動産を所有している方は、将来ご自身に相続が発生した場合、相続税の額が発生するか、そしてその金額がいったいいくらになるのか、ご存知の方は少ないのではないかと思われます。

　相続対策・相続税対策を考えるうえで、その財産の多くを占める不動産について、一度その現状を確認して、将来どのようにしていくかを検討することは大変重要です。

　不動産が自宅のみの場合であっても、賃貸物件等を含めて複数所有している場合であっても、推定相続人の方が複数であれば、将来の遺産分割も含めてその方々の将来を見据えた方針を立てることが

必要です。

　所有している不動産の中には、明らかに登記簿上の地積が不正確と思われるもの、隣地との境界が明確でないものも少なからずあるのではないでしょうか。また、将来売却を予定している物件も含めて、次の世代へトラブルを残さないようにするため、測量・境界確認等、時間と費用のかかる手続きは、先送りせず行っておくべきでしょう。

　そして、遊休不動産については、固定資産税等の維持費も毎年かかることもあり、事前に処分することで、納税資金の増加につながります。これも、相続発生後に売却するよりも、時間をかけて売却先を探すことで、売り急ぎにより売価交渉に不利な影響が生じることを防ぎます。

　不動産の売却による譲渡益については、売却年の1月1日現在で保有期間が5年超の不動産であれば、原則として、所得税15.315％、住民税5％により税金が課税され、保有期間が5年以下の不動産であれば、所得税30.63％、住民税9％の税金が課税されます。

　なお、相続・遺贈で取得した不動産を相続税申告期限の翌日以後3年を経過する日までに売却した場合には、譲渡益の計算上、その不動産を取得した相続人等が納付した相続税額のうち売却した不動産に対応する部分の相続税の額をその売却不動産の取得費に加算することができる特例（相続財産を譲渡した場合の取得費加算の特例）があります。この場合でも売却先を探すことが必要になります。

　相続発生前・相続発生後では状況も変化していることが想定され、売却価格も影響を受けることになります。現時点での売却先・売却価額・税金がどうなるかを想定して、売却時期を決定することが重要になります。

2. 同族会社株式の後継者への移転は計画的に！

　長年黒字が続いている同族会社の代表取締役Ａさんに相続が発生しました。次期経営者となる取締役である長男Ｂさんに対しては、早期に所有株式を移転する話もありましたが、実際の行動はありませんでした。このため、高額の同社株式に相続税が課税され、納税に注力したため会社の経営に悪影響が生じました。

どこが 問題か⁉

　未上場株式は、相続財産に加算される一方、上場株式と異なり、換金性が低いのが特徴です。また、売却しようとする株主の状況・購入しようとする者の状況により、適正売却価額が変化するため、売却には計画的な対策が必要になります。

☑ 注意すべきポイント

　事前に売却することで納税資金を確保します。

　譲渡制限のある株式の場合、会社による譲渡承認（取締役会または株主総会による決議）が必要です。譲渡益が生じると分離課税により所得税（15.315％）・住民税（5％）が課税されます。

　平成28年1月1日以後に生じた上場株式等の譲渡損益と未上場株式等の譲渡損益について、損益通算はできません。

　売主と買主の状況による、対価の設定および注意点は、次のとおりです。

1）売主：個人、買主：個人

個人間での取引は営利を目的としていないため、取引価額についての明確な規定は所得税法にはありません。ただし、法人の経営に重要な経営者の親族等、発行済株式総数の25%以上を保有する中心的な同族株主に該当する者が買主の場合には、取引対価と時価が乖離（かいり）するおそれがあります。この場合に判断の基準となる時価は、相続税評価額（財産評価基本通達）によることになります。

　したがって、譲渡後の買主が、中心的な同族株主に該当する場合には、「原則的評価」、それ以外の第三者等である場合には「配当還元方式」がそれぞれ適切な時価になります。

2）売主：個人、買主：法人

　法人は営利追求を目的としており、法人税法における時価として、課税上弊害がない限り、一定の要件の下で相続税法上の評価方式を準用しています。

　この一定の要件とは、①買主である法人が「中心的な同族株主」に該当する場合、非上場株式の評価区分は「小会社」、②純資産価額方式の場合、法人で保有する土地・有価証券は時価で評価、③純資産価額方式における「評価差額に対する法人税額相当の控除」は行わない、というものです。

　時価の判断は、その譲渡直前の売主・買主の状況によって行います。注意点としては、売価が時価の2分の1未満である場合、売主には時価で譲渡があったものとして所得税が課税され、一方で法人には時価と実際の売価との差額に法人税（受贈益）が課税されます。逆に、売価が時価より高額の場合、個人には時価と売価との差額は法人からの贈与として所得税（一時所得または給与所得）が課税、一方で法人にはその差額には法人税（寄付金または役員給与）が課税されます。

3. 同族会社への貸付金を放置すると…

同族会社の初代経営者Ａさんが亡くなりました。当人が以前より会社に貸し付けていた貸付金5,000万円について、親族で対応を検討中でしたが、具体的に行動をしていなかったため、遺産分割と納税の両方で悩むことになりました。

どこが 問題か⁉

同族会社への貸付金は、放置すれば「債権」のまま相続財産となり、資本金へ振替える（増資）ことで「有価証券」となり、また、会社へ債権放棄手続きにより「寄付」することで相続財産をゼロにすることができます。

☑ 注意すべきポイント

個人に対する貸付金は、現在返済を受けているものも含め、借用証書等の整理による貸付金存在の確認、現在の残額の把握が必要です。早期回収のため、内容証明郵便等により催促、相当期間催促したにもかかわらず回収できず、先方の経済状況から今後も回収不可能と判断される場合には、内容証明郵便にて債権放棄通知書を送付する、などの対応が必要です。将来回収可能ということであれば、推定相続人への贈与を実施する方法もあります。

同族法人に対する貸付金の場合、直前決算期における法人税申告書の債務の内訳書での「借入金」「未払金」等から対象者の「債権」を確認することが可能です。

対策として、①当該債権を他の推定相続人等へ贈与、②資本金への振替え、③債権放棄する、といった対策があります。

　順番に見ていきます。

① 他の相続人へ贈与

　これは通常の贈与と同様、贈与契約書の作成、債権者名簿の変更、金額に応じて翌年3月15日までに贈与税の申告が必要になります。

② 資本金への振替え

　これにはさらに2つの方法があります。

　ア．現物出資方式（DES＝デット・エクイティ・スワップ）

　　　債権者（個人）が当人の債権（法人側からの借入金）を債務者である当該法人へ現物出資する方法です。ただし、当該会社に欠損金が多く存在する場合には、「債権の評価額」＜「出資額面金額」となる可能性が想定されます。この場合、「出資額面金額－債権評価額＝債務消滅益」となり、法人側で益金に計上することになるので注意が必要です。

　イ．現金払込方式（疑似DES）

　　　法人が債権者に借入金の一部を一旦現金で返済、個人はその現金を実際に出資金として増資手続きを行います。これによれば、上記の債務消滅益は計上しなくても済みます。

　上記ア．とイ．はいずれも定款における増資についての制限の有無の確認を行ったうえ、株主総会で第三者割当増資の決議が必要になります。

③ 債権放棄

　債権者より債権放棄された会社ではその放棄された金額は「債務免除益」となり、会社の益金に算入することになります。会社に相当の（繰越）欠損金がある場合、その範囲内で実行を検討すべきで

しょう。

　上記②と③について、これらの手続きにより間接的に会社の株価が上昇する場合、手続きを行った者から他の株主への贈与になる可能性があり、事前試算を行うことが必要です。

〈同族会社貸付金の処理方法により相続税課税形態が変化するケース〉

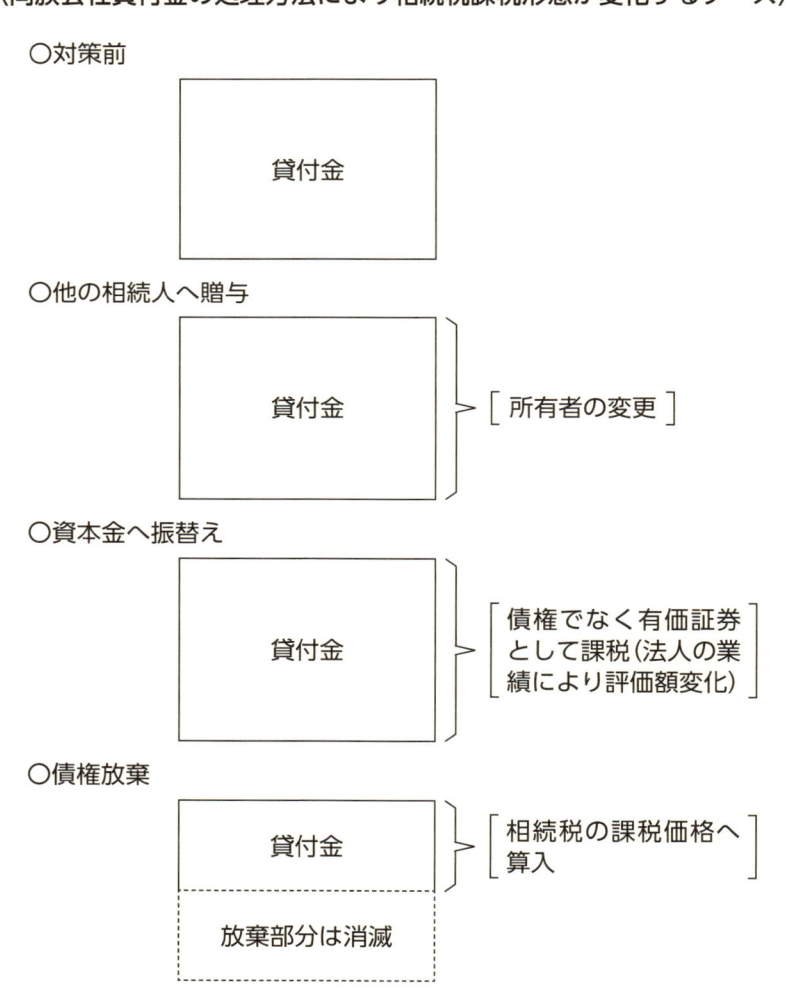

○対策前

貸付金

○他の相続人へ贈与

貸付金　　　[所有者の変更]

○資本金へ振替え

貸付金　　　[債権でなく有価証券として課税 (法人の業績により評価額変化)]

○債権放棄

貸付金　　　[相続税の課税価格へ算入]

放棄部分は消滅

4. 納税資金対策として 有効な生命保険に 加入していなかったら…

問題事例

父Aさんが亡くなりました。所有財産は、不動産8,000万円、金融資産5,000万円でした。家族は妻Bさん、長男Cさん、二男Dさん、長女Eさんの4人です。Aさんは生前、生命保険を信じておらず、ご家族の説得にもかかわらず無保険でした。

どこが 問題か!?

生命保険は相続税の納税や遺産分割の際の資金として広く活用ができます。今回のケースでは、Aさんが契約者・被保険者として生命保険に加入していれば、生命保険金の非課税として「500万円×4人＝2,000万円」が使えました。保険金と同額の保険料を払っていたとすると、相続財産は不動産8,000万円、金融資産は3,000万円となり、相続財産が2,000万円減少、これに伴い相続税もその分減額となります。

☑ 注意すべきポイント

相続人が複数いるにもかかわらず、主要な相続財産が、自宅のみの場合など、遺産分割に苦心するケースがあります。

生命保険に加入することで、いつ相続が発生しても生命保険金を受け取ることができるため、納税資金として有効に活用することができます。

生命保険金は、被相続人本来の財産でない一方、相続税が課税される「みなし相続財産」ですが、相続人1人につき500万円まで非課

税扱いで、原則として遺産分割の対象にならず、遺留分に含まれないこともメリットの一つです。

　不動産等を取得する相続人が受取人となり、不動産を取得しない相続人に対して支払う代償金の原資としての活用ができます。

　配偶者が受取人の場合、納税資金が必要となる子供に資金がいかなくなるおそれがあります。うっかり配偶者から子供へ資金を回すと贈与税が課されるので、注意が必要です。相続税の試算をして、誰がどれくらいの相続税を負担するかを把握して、保険の設定をすべきでしょう。

　相続対策としての代表的な加入形態は次のとおりです。
1）「契約者：被相続人、被保険者：被相続人、受取人：相続人」の場合、相続税の対象となり、「500万円×法定相続人の数」に相当する相続税の非課税枠があります。
2）「契約者：相続人、被保険者：被相続人、受取人：契約者である相続人」の場合、所得税（一時所得）の対象となります。この形態の場合、他の相続人に加入を知られることなく生命保険金を受け取ることができます。

　なお、保険契約時の被保険者の年齢が高齢になるほど、保険料が高額になり、また、被保険者について一定の年齢以上の場合や健康の状態のいかんでは加入できないこともあります。

　相続対策としての保険の種類は、保障が一生継続する有期払込の終身保険で、比較的若い頃からの加入が望ましいといえるでしょう。

　一方、現金で所有してそのまま相続税の課税価格に算入されるよりも、生命保険金の非課税枠を利用しつつ、遺産分割に影響させずに受取人を指定できるメリットから、高齢でも加入できる生命保険

を契約するという選択肢もあります。

〇相続発生前

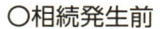

預貯金

〇相続発生後（対策なし）

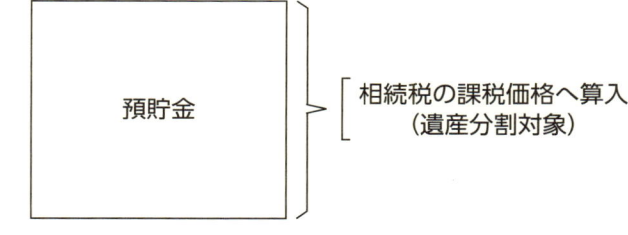

預貯金

$\left[\begin{array}{l}相続税の課税価格へ算入\\（遺産分割対象）\end{array}\right.$

〇相続発生後（生命保険対策後）

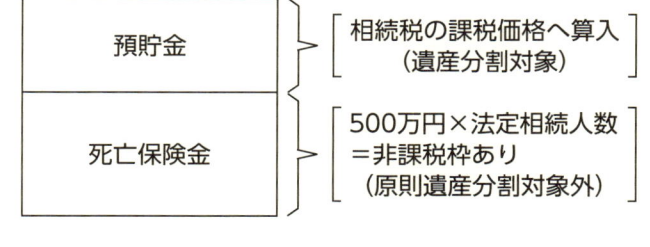

預貯金

$\left[\begin{array}{l}相続税の課税価格へ算入\\（遺産分割対象）\end{array}\right.$

死亡保険金

$\left[\begin{array}{l}500万円×法定相続人数\\＝非課税枠あり\\（原則遺産分割対象外）\end{array}\right.$

5. 役員退職金は役員退職給与規程で詳細の定めを

　代表取締役Ａさんに相続が発生しました。家族は妻Ｂさん、長女Ｃさん、長男Ｄさんの3人です。今回、長期間代表取締役となっていたにもかかわらず、退職金の支給について一切検討しておらず、退職金の非課税枠も使えずに遺産分割と相続税納税が厳しくなりました。

どこが 問題か⁉

　法人税法上、役員に対しては一定条件の下、退職金の支給を認めています。また死亡退職金には相続税法上の非課税枠があり、支給原資・支給可能金額も含めた計画的活用が不可欠です。今回のケースでは、退職金非課税枠が「500万円×3人＝1,500万円」あり、会社の支給体制を事前に整えておけば、遺族の方が相続税非課税で資金を取得することもできました。

☑ 注意すべきポイント

　法人税法で認められている退職金制度により、退職後の生活資金・相続税の納税資金として活用が可能となります。

　また、生命保険金の非課税と同様、死亡退職金には受け取った者が相続人である場合には「500万円×相続人の数」の相続税の非課税枠が設けられています。

　退職金の支給により同族法人の利益金額・純資産価額が圧縮されることから、その株式評価額の引下げにも効果を発揮することにな

ります。

　役員退職金を支給するためには、その支給額等を定款に規定するか、株主総会の決議によって定めることになります。実際には、株主総会で決定することがほとんどでしょう。このため、事前に役員退職給与規程等でその算定方法等の詳細を定めておく必要があります。役員退職金のうち、その役員の業務従事期間、退職の事情、同業種で事業規模が類似する企業の役員退職金の支給状況に照らし、不相当に高額な部分の金額は損金の額に算入できません。一般的には役員退職金の適正額の合理的な計算方法として、平均功績倍率法が採用されています。

　平均功績倍率法＝退職時の最終月額報酬×勤続年数
　　　　　　　　　×平均功績倍率

　平均功績倍率とは、同業類似法人の役員退職給与の額をその退職した役員の最終月額報酬に勤続年数を乗じた額で除した倍率の平均数値をいいます。

　なお、役員が在任中に死亡した場合には、役員退職金のほか、弔慰金を支給することができますので、同時に弔慰金についても定めておくべきです。

　弔慰金は、①業務上の死亡の場合：被相続人の死亡時の賞与以外の普通給与の3年分、②業務上の死亡でない場合：被相続人の死亡時の賞与以外の普通給与の半年分、の範囲で、いずれも実質的に退職金に該当するものを除き非課税となります。

　役員退職給与規程には、上記の平均功績倍率法を参考にした退職金の算定方法や弔慰金について記載します。

　なお、退職金の支給原資には、多額の資金が必要となることが多いため、契約者・受取人を法人、被保険者をオーナー経営者とする生命保険契約を締結する等の事前対策が不可欠です。

6. 会社を清算して退職金を受け取った経営者が将来の相続に備えてやっておくべきこと

Hさんは建築士として建築設計会社を経営してきましたが、子供が後を継がないため会社をやめることにしました。自らの役員退職金は、税務上過大とならない範囲で、会社が取引関係で長年保有していた株式を売却して充てることができました。

会社には退職金の支払後もなお資産として現預金が約3,000万円あり、負債はほとんどありません。貸借対照表の純資産の部を見てみると、資本金1,000万円、利益剰余金約2,000万円という内訳です。Hさんは将来の相続税の納税資金を確保しておくために、会社を清算してできるだけ多くの現金を手にしたい考えです。

なお、会社の全株式はHさんが所有しています。

どこが 問題か⁉

① オーナー企業の経営者が役員退職金を受け取ったあとに会社から現金を受け取る方法として想定されるのは、株主としての配当または会社清算による配当です。

② 会社からの配当や会社の清算による配当で資本金等の額を超えるものはみなし配当として、配当を受け取る個人にとっては超過累進税率が適用される総合課税の対象になります。

✓ 注意すべきポイント

株式会社の清算は、株主総会において解散の決議をした後、会社の資産を現金化し、負債を支払った後に残った現金を株主に残余財

産として分配して結了します。

　残余財産の分配において注意しなければならないのは、その分配される財産の額が資本金等の額を超えるときは、その超える部分の金額がみなし配当とされる点です。

　個人にとっては、みなし配当は配当所得として給与所得や不動産所得など、各種の所得金額を合算して税金を計算する総合課税の対象になります。

　Ｈさんの会社では、清算により見込まれる残余財産約3,000万円のうち利益剰余金の約2,000万円がみなし配当の対象になると考えられ、解散により残余財産を一度に分配した場合は約2,000万円が配当所得として総合課税の対象になります。

　もし、清算までの時間的な余裕があり、清算を先延ばしする合理的な理由があれば、配当を複数年にわたって分配することで、単年で受け取るよりも個人の超過累進税率を緩和することができるでしょう。

　会社の解散登記や清算結了登記、みなし配当を伴う残余財産の分配など、通常の会社経営ではなじみのない手続きが登場しますので、専門家である司法書士や税理士などのアドバイスを受けましょう。

貸借対照表

資産	純資産	
現預金 3,000万円	資本金 1,000万円	払込資本の払戻し → Hさん
	利益剰余金 2,000万円	みなし配当→総合課税の対象

コラム 海外居住者のサイン登録

　相続手続きの各種書類や分割協議書には印鑑証明書が必要です。ところが、海外移住や国際結婚などで外国に住んでいる人は、住民票がないため、手続きに必要な証明書の入手ができません。その場合、領事館などでサイン登録をし、その証明書およびサインを印鑑証明や押印の代わりとして手続きを実施します。

　しかし、このサイン証明（署名証明）のための登録も、海外居住の相続人が一時帰国した際に日本国内の公証役場で行うことができます。

　取得する場合は事前に公証役場に問い合わせ、手数料の金額や必要書類、出向く時間などを打合せしておくとスムーズに行うことができます。

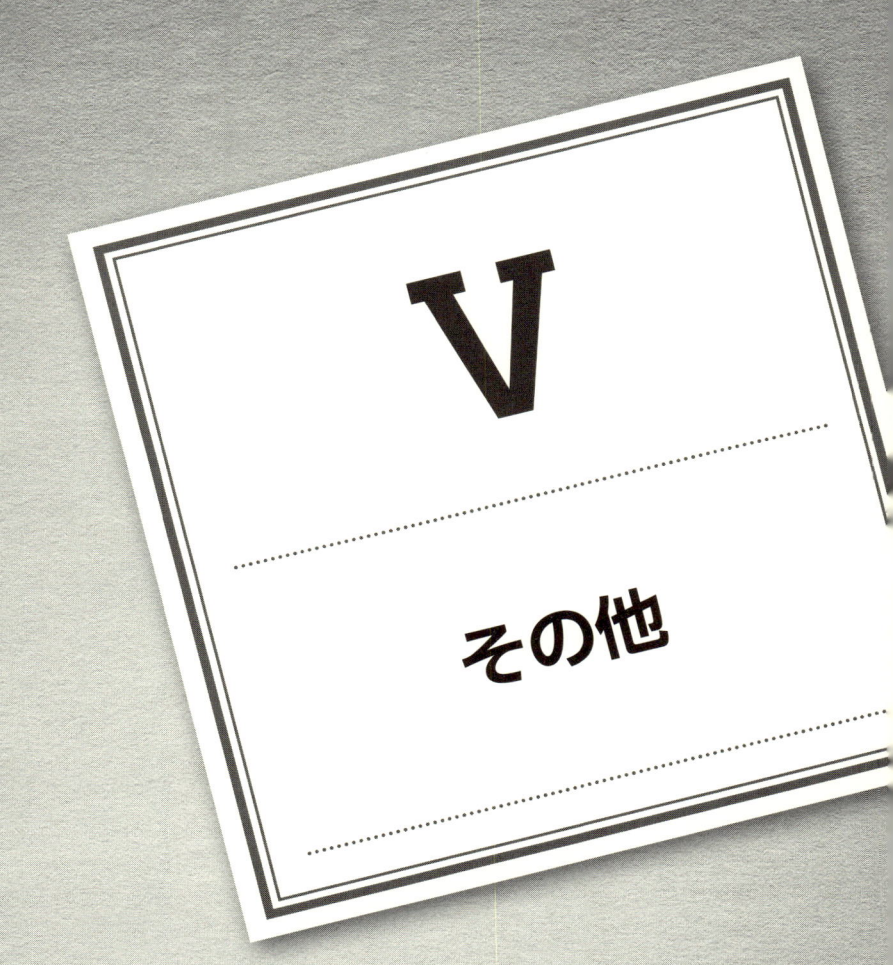

V

その他

1. 貸付金？ 出資？ それとも贈与？

問題事例

　Aさんが亡くなり、妻のBさんと長男のCさんが相談に来られました。不動産・株式などの有価証券や現金預金は、証券会社や銀行の残高証明書を入手して確認できたのですが、10年ほど前、Aさんの弟・甲さんが独立して起業した際、300万円を融通していた事実が判明したのです。

　ところが甲さんは、相続（祖父の相続）の時に実家の土地などの財産はAさんが相続したので、その時の代わりに……といって300万円くれたのだと主張。

　一方、妻のBさんは、義弟の独立・起業の際、"弟甲が起業するので1年間くらいだけど、貸すよ！"とAさんから聞いていたと主張。

　弟さんと妻の主張の違い……しかし、これにはもうひとつの面がありました。甲さんは起業の際、"株式会社乙"を設立しており、決算も9回重ねていましたが、設立時にAさんに発起人として加わるように依頼していて、役員にはなっていませんでしたが、株主としては株式会社乙の株主名簿に記載されていたのです。

どこが 問題か⁉

① 甲さんの主張通りならば、相続財産ではありません。

② 妻Bさんの主張通りならば、貸付金となり相続財産です。

③ "株式会社乙の株式"は、名義株（名義はAさんでも所有者は甲さん）なのか、Aさんが株主であると見なされるか、見解の分かれるところです。

☑ 注意すべきポイント

　上記の貸付金か？　出資か？　贈与したのか？　は、双方の当事者が健在ならば明確になるケースです。後々のためにも、貸付金は貸借契約書を作成しておくと紛争防止になります。

　出資の場合は証券の発行がされていれば、手続きは完全ですが、名義株ならば名義の変更手続、それができないのであれば当事者間で確認書を作成することを勧めます。

　弟に祖父の相続手続きの清算としてあげたのであれば（贈与）、家族にその事実を開示しておくべきです。

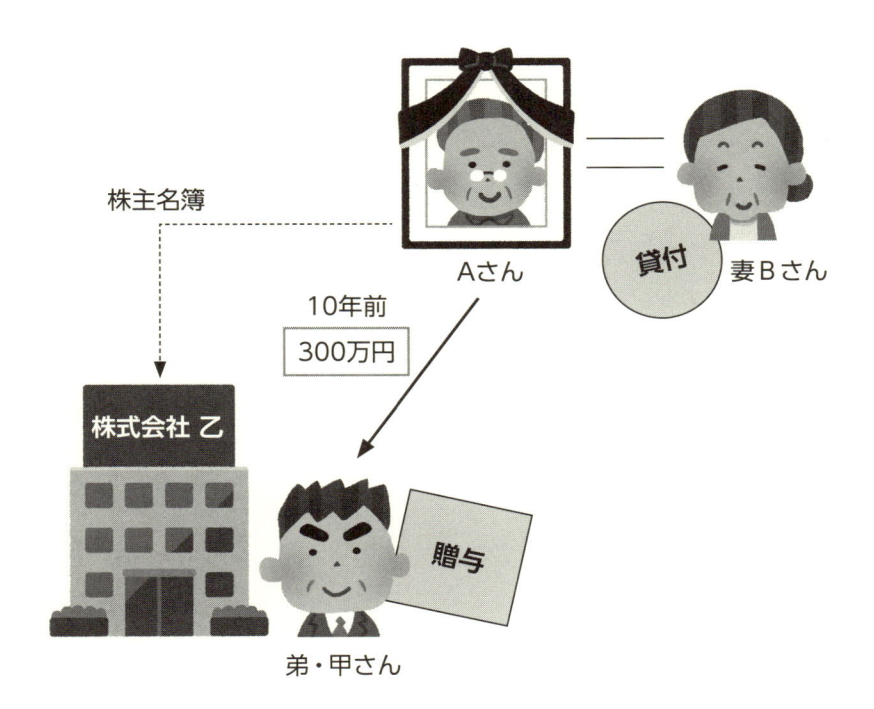

2. パソコンやスマホで証券取引を行っている人はエンディングノートにパスワードを!

問題事例

Ａさんは会社を退職され、退職金の一部で株式取引をされていましたが、事故により75歳で亡くなり、奥様が相談に来られました。

「生前、今日は朝方に買った株を午後に売却したら、10万円利益が出た」と言っては、よく外食に連れて行ってくれた、とのことでしたが、現在、株がどうなっているのか？　どの銀行で決済していたのか？　全くわからないとのことです。

また、パソコンが趣味のようなＡさんでしたが、奥様はパソコンに触れることすらしないので、株の他にＦＸや勝馬投票（競馬）等もしていたのかどうかも全く不明とのことで、困っていらっしゃいました。

どこが 問題か!?

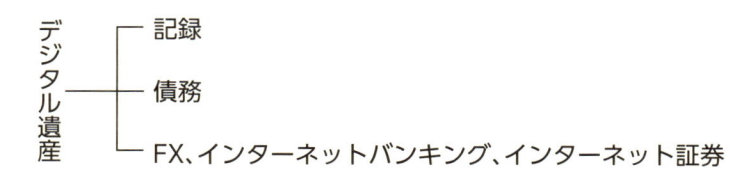

デジタル遺産は大きく分けると上記の３つに分類されますが、相続が発生した場合には共通して、“パスワード”がキーになります。

① 相続財産となる（プラスの財産）

　インターネットバンキングやインターネット証券を行っている方は、現在も進行中ならばパスワードや相手先（銀行や証券会社）をエンディングノートなどに記しておくべきです。また、今は休止中で今後も利用する予定がない場合は、解約手続きを進めます。

　スマートフォンやパソコンでＦＸ取引をされている場合、相続手続きに時間を要し、解約・名義変更の間に相場が変化したり為替の変動があったりしますので、好条件での整理ができなかったり、著しい下落があると売却等処理するチャンスを逃します。

　月会費や維持費のかかる有料会員になっていた場合には、解約手続きが終了するまで会費を徴収されます。

② プライベートな記録

　相続手続き等の相談にみえて、パスワードでロックされている場合、専門業者に依頼して再現する場合がありますが、家族に見られたくない情報が出てくるケースが多々あります。このような情報は、自ら前もって削除等の処置をしておくべきです。

　上記のような思わぬ損害を防止するためには、現時点で活用していない口座は解約手続きをとり、使用している場合には、口座開設の銀行名や支店名などをエンディングノートなどに記載しておくべきです。

　相続税申告後半年～1年後くらいに税務署から税務調査が入る場合が多くなっています。税務調査の結果を見ると80％近くで、相続財産漏れによる修正が認められます。その要因が、以下のとおりです。

①勘違い……「名義預金」

　家計を預かる専業主婦の妻が、夫の稼ぎからやり繰りする毎月の家計の中から「ヘソクリ」をし、350万円貯まっていたとします。妻は、自分の努力で貯めた自分名義の預金であるという思いから、相続財産に計上しなくてよいと考えていましたが、実際は夫の相続財産として計上しなくてはなりません。つまり、「名義預金」です。

　過去に結婚記念日や夫のボーナスで「半年間ご苦労様、20万円で好きなものを……」と贈られたお金があれば、支給が明らかにできるようにしておかなければなりません。

②不動産の評価などの素人考え

　不動産を評価する際の計算根拠の間違いは、専門家の税理士が計算しても計算違いが多い分野です。その他、登記簿と実測の違いや課税項目の誤り（現況調査をしなかったために、宅地並みの課税をされるべきところを帳簿上の項目そのままの原野や池にしてしまう、等）といった「勘違い」に注意しましょう。

③財産隠し

　天井裏の金の延べ棒や段ボールに入った現金は、ドラマのよう

な話ですが、いくら子供たちが「亡き父のものではなく、自分の ものだ」と主張しても、その購入資金の出所や購入年月日が不明 なままでは主張は認められません。

④調査漏れ

相続人のあずかり知らない遺産、たとえば故人の「ヘソクリ」 や、家族にも知らせていない預金や宝石・貴金属……これらは遺 族としては見落としがちです。ところが、税務署は貸金庫や購入 代金支払いの際の引出口座関連の情報から発見することもありま すので、相続の前に情報として整理しておくことが大切です。最 近ではネット預金や仮想通貨などは、漏れることが多いです。

⑤相続財産と課税財産

被相続人が亡くなって支払われる生命保険金は、相続人が受取 人であっても、相続財産には該当せず、遺産分割協議の対象では ありません。しかし、相続税を計算するうえでは課税財産となり、 税額算定の対象となります。生命保険は遺産に当たらないから関 係ないとする、間違いが見受けられます。

ただし、生命保険金の受取人が被保険者より早く亡くなり、受 取人名義がそのままの場合の保険金は相続財産です。また、生命 保険に付保されている入院給付金や手術給付金も、死亡後の請求 の場合は相続財産です。

申告漏れには追徴課税のペナルティーが課せられます。また、過 少申告加算税や重加算税35％が上乗せされる場合もありますし、 納税は相続人全員の連帯責任となりますので、くれぐれも注意が必 要です。

　1980年以来、約40年ぶりの民法（相続法関係）改正法案が国会に
提出されました。

　高齢化を受け、配偶者の老後の経済的安定をはかるための諸策が
みられます。

　主な改正内容は次のとおりです。

1.　配偶者の居住の保護

　配偶者が相続開始時に居住している、被相続人所有の建物に住み
続けることができる権利を創設。遺産相続の選択肢の一つとして取
得できます。これは、都市部などでは住宅不動産が相続財産に占め
る割合が多いため、従来の法制では、相続により生活資金などが配
偶者へ十分に相続されない点を考慮しての改正といえます。

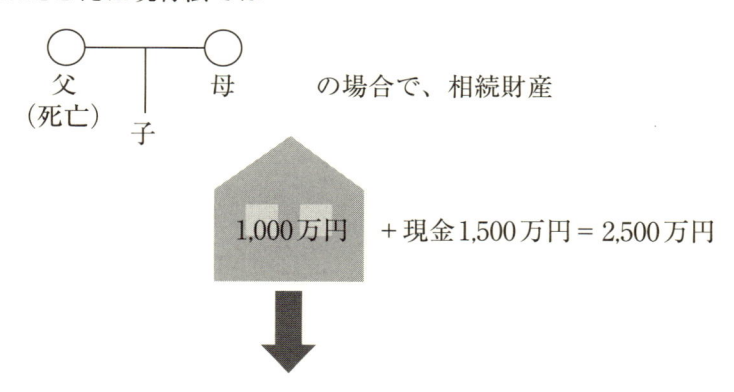

　　※たとえば現行法では…

　　　　　　　　　　　　　　　の場合で、相続財産
　　　父　　　　母
　　（死亡）
　　　　　　子

　　　1,000万円　＋現金1,500万円＝2,500万円

法定相続割合1,250万円ずつとなり、妻が家の所有権を得て相続
すると

妻：　　　　　　　＋現金250万円　　　　子：現金1,250万円

　改正案では、居住権の評価は所有権より安くなるので、上記のケースの場合でも、現預金等を多く相続することができるようになります。

2.　相続人以外の貢献の配慮

　相続人以外の被相続人の親族（相続人の妻など）が被相続人を介護していた場合、一定の要件を満たせば相続人に金銭請求ができます。

　被相続人の自宅介護などの場合、相続人の妻がパート勤めをやめて、介護に努めたようなケースでは、親の世話をした・しないで相続争いの要因となっていたため、被相続人の介護をしていた相続人以外の親族の金銭請求権を明文化しました。

3.　遺産分割

　婚姻期間が20年以上の夫婦であれば、配偶者が居住用の不動産（土地・建物）を生前贈与したときは、その不動産を原則として遺産分割の計算対象としてみなさないこととします。

　現行法では生前贈与された住居は、被相続人が「住居は遺産に含めない」といった意思表示がされていないと、遺産分割の計算対象となります。

　改正案では、婚姻期間20年以上であれば、生前贈与で得た住居は「遺産とみなさない」という意思表示があったと推定する規定が加えられました。

4. 遺言制度

自筆でなく、パソコン等で、自筆証書遺言の財産目録を作成できるものとし、法務局が自筆証書遺言を保管する制度を創設。

ただし、遺言書の全文の作成をパソコンで行うことを認めるのではなく、認められるのは、あくまで財産目録の作成であり、署名などは自筆によるものでなければなりません。

5. 相続の効力

遺言などで、法定相続分を超えて相続した不動産は、登記をしなければ第三者に権利を主張できません。

これは、未登記のまま放置されている現状から、相続登記を推進させるための施策です

執筆者プロフィール

半田　貢 （ハンダ　ミツグ）

東京本部・代表。中央大学卒。
平成9年、社労士ネットワークを設立し、15年間運営。平成13年に日常手続きから登記、税務申告までワンストップ対応する、相続手続支援センターを設立。
日本M＆Aセンター（東証一部）前取締役。株式会社401K推進機構監査役。
シグマジャパン株式会社代表取締役。

中澤　淳一 （ナカザワ　ジュンイチ）

群馬支部・センター長。「ひとりひとりを大切に」をモットーに迅速な相続手続きの実行に取り組んでいる。

今井　邦彦 （イマイ　クニヒコ）

ひかり税理士法人社員、東京事務所長。税理士。東京工業大学・工学部経営工学科卒業。平成20年税理士登録。

青木　克博 （アオキ　カツヒロ）

福井支部。行政書士。福井県内唯一の相続専門事務所を運営。セミナー講師依頼は年間80本。株式会社スタートアップ経営代表取締役。

山口　浩司 （ヤマグチ　コウジ）

兵庫支部・支部長。ファイナンシャル・プランナー。「親切な対応」を心掛けて、1,000件以上の相談実績あり。

新喜　章弘 （シンキ　アキヒロ）

石川支部・相談員。石川県の相続手続業界のパイオニア。石川支部代表。
株式会社相続手続支援センター石川代表取締役。

山家　一洋 （ヤマヤ　カズヒロ）

神奈川支部・相談員。税理士。昭和38年生まれ。平成5年に税理士資格を取得。
主な著書に「はじめて帳簿をつける人の本」（共著・明日香出版）。「月刊税理」
（ぎょうせい）、毎日新聞オンライン「マネー相談室」他、寄稿多数あり。

相続手続支援センター支部名簿

	支部名	〒	住　　所	電話番号
1	本部	160-0023	新宿区西新宿 6-16-6　タツミビル 11F	03-3343-3261
2	兵庫 （西日本本部）	651-0085	兵庫県神戸市中央区八幡通 4-2-18 昭和住宅・福本ビル 7 階	078-251-2064
		668-0013	（豊岡支店）豊岡市中陰 152-1-101	0796-34-6564
		656-0122	（淡路支店）南あわじ市広田広田 365-2 山岡ビル 2F	0799-45-2331
3	北海道	064-0808	札幌市中央区南 8 条西 4 丁目 422 番地 GRAND PARK BLD	011-531-4003
		066-0063	（千歳支店）千歳市幸町 4 丁目 18 番地	0123-24-0132
4	関東	330-0854	埼玉県さいたま市大宮区桜木町 4-241-1 荒井ビル 5 階	0120-048-432
5	新潟	940-0083	（長岡事務局）新潟県長岡市宮原 3-12-16	0258-35-3166
		950-0961	（新潟事務局）新潟県新潟市中央区東出来 島 6 番 13 号	025-280-9008
6	福井	910-0006	福井市中央 2 丁目 3-18 稲澤ビル 1F	0776-21-3550
7	三河	472-0035	愛知県知立市長田 1-11	0566-83-3055
8	長崎	852-8153	長崎県長崎市花丘町 10-12-501 （郵便は 852-8008 長崎市曙町 4-9 へ）	095-801-4280
9	千葉	260-0042	（千葉事務所）千葉県千葉市中央区椿森 3-4-3　105	043-287-3800
10	静岡	410-0022	（沼津オフィス）静岡県沼津市大岡 877-6	0120-397-840
		422-8041	（静岡オフィス）静岡県静岡市駿河区中田 4-2-6　2F	054-287-0056
		430-0946	（浜松オフィス）静岡県浜松市中区元城町 219-21 浜松元城町第一 ビルディング 7F	053-543-6781
11	群馬	370-0006	（高崎事務所）群馬県高崎市問屋町 4-7-8 高橋税経ビル 4F	027-363-5959
		371-0024	（前橋事務所）群馬県前橋市表町 2-28-8	027-223-3446
12	横浜	220-0037	神奈川県横浜市鶴見区向井町 1-30-20	045-508-0135
13	岐阜	505-0027	岐阜県美濃加茂市本郷町 6-7-30	0574-27-7505
14	香川	760-0073	香川県高松市栗林町 1-18-30	087-834-0122
15	和歌山	640-8341	和歌山県和歌山市黒田 87-7	073-471-5002
16	大阪	532-0011	大阪府大阪市淀川区西中島 7-1-26-707	0120-783-482
17	東信	386-0005	長野県上田市古里 692 番地 2	0268-25-6789
18	神奈川	226-0025	（横浜）神奈川県横浜市緑区十日市場町 861 番地 6	0120-978-640
19	近畿	561-8510	大阪府豊中市寺内 2 丁目 13 番 3 号 日本経営ビル	0120-997-476

	支部名	〒	住所	電話番号
20	名古屋	453-0801	愛知県名古屋市中村区太閤 1-22-13 恒川ビル 3 階	0120-134-864
		444-0051	愛知県岡崎市本町通 1-12　サンアベニュービル 3 階	0564-24-5513
		444-0881	愛知県豊橋市広小路 3-25	0532-54-5135
21	仙台	980-0821	宮城県仙台市青葉区春日町 7-32 パセオ 8F	022-214-0335
22	石川	920-0364	金沢市松島 2 丁目 191COM ビル 3F	076-269-8024
23	富山	931-8435	富山市小西（鶴ケ丘町）116 番地 1	076-452-2577
24	茨城	310-0804	茨城県水戸市白梅 4-1-25　すざくビル 5F 502 号室	029-291-5965
25	南大阪	596-0045	大阪府岸和田市別所町 1 丁目 22 番 15 号	072-447-7997
26	滋賀	523-0893	滋賀県近江八幡市桜宮町 294　YP-1 3 階	0120-783-424
27	宇都宮	321-0953	栃木県宇都宮市東宿郷 3-2-3　カナメビル 4F	0120-13-8719
28	福山	721-0965	広島県福山市王子町 1-2-24	084-926-7494
29	京都南	612-0807	京都府京都市伏見区深草稲荷中之町 33 番地　杉田センタービル	075-641-5705
30	三多摩	192-0081	東京都八王子市横山町 9 番 20 号 透 1 ビル 5 階	042-649-3951
31	城東	130-0012	東京都墨田区太平 3-3-12　アドバンス喜月ビル 3F	03-5819-0967
32	横浜駅前	220-0004	横浜市西区北幸 2-3-19　日総第 8 ビル 3F	0120-492-111
		210-0004	(川崎駅前支店) 川崎市川崎区宮本町 6-1 高木ビル 3F	044-589-6288
33	中京	460-0003	名古屋市中区錦 2-4-3 錦パークビル 13 階	0120-630-070
34	阪神	664-0882	伊丹市鈴原町 9-334-17	072-784-7633
35	なにわ	556-0014	大阪市浪速区大国 1-5-4　MK ビル 4F	0120-351-556
36	町田	194-0022	町田市森野 1-22-5 町田 310　五十子ビル 3F	0800-888-4017
37	山梨	400-0124	甲斐市中下条 906	055-277-9655
38	埼玉	330-0061	さいたま市浦和区常盤 4-1-1　浦和システムビルヂング	048-799-2641
39	函館	040-0011	函館市本町 31 番 8 号	0800-800-2582
40	新潟第一	950-0084	新潟市中央区明石 1-7-17　ソリマチ第 7 ビル 6F	025-255-1600
41	横浜鶴見	230-0051	横浜市鶴見区鶴見中央 2-13-18	045-717-6551
42	青森	030-0944	青森市大字筒井字八ッ橋 1372 番地 1	017-763-4170

【相続手続支援センター】

北海道から九州まで全国に支部を展開し、5万件を超える相談実績を持つ相続業界の最大手。依頼者に対し『相続に関する手続きをスムーズに行い、経済的な不利益及び心理的ストレス、そして争う相続（争族）を最小限にすることによって、家族の更なる繁栄をサポートすること』を社会的使命としている。

ワンストップで相続手続が終わり、ご遺族の負担を少しでも軽減することを心掛け、各支部は弁護士、税理士、司法書士、行政書士、社会保険労務士、土地家屋調査士等とネットワークを組み、対応している。

【一般社団法人相続手続カウンセラー協会】

対策ではなく、葬儀後の108種類もある相続の実務手続をアドバイスできるスペシャリストを養成することを目的に2018年1月に設立。

相続開始後の手続きに特化した資格（相続手続カウンセラー ®）を発行する、日本初の協会。

相続業界のレベルの底上げを行い、顧客に間違ったアドバイスをすることを防ぐため、約20年間の実務の中で培ってきた知識や経験を社会還元する。

相続を通じて家族の絆が一層深まる社会を目指すため、非競争分野での企業の枠を超えた提携を行い、常に新しい情報を習得できるよう相続業界全体で知識を共有する取り組みを行っている。

〒651-0085

神戸市中央区八幡通4-2-18　昭和住宅・福本ビル7階

電話078-251-7668　FAX078-251-2065

URL：https://www.souzoku-c.net　　E-mail：info@souzoku-c.net

家族が困らないために！
亡くなる前にやっておきたい手続きと対策

2018 年 6 月 25 日　初版第 1 刷発行

編　者　　相続手続支援センター
発行者　　酒 井 敬 男

発行所　株式会社 ビジネス教育出版社

〒102-0074　東京都千代田区九段南4-7-13
TEL 03(3221)5361(代表)／FAX 03(3222)7878
E-mail▶info@bks.co.jp URL▶https://www.bks.co.jp

印刷・製本／シナノ印刷㈱　　装丁・本文デザイン・DTP ／㈲エルグ
落丁・乱丁はお取り替えします。

ISBN978-4-8283-0716-9　　C2034